信息化技术与儿童体育教学融合研究

隋 勇 著

科学出版社

北京

内 容 简 介

本书主要围绕信息化技术与儿童体育教学融合的相关研究展开论述。第一章主要介绍信息化技术环境下的儿童体育教学；第二章主要介绍可融入信息化技术的儿童体育教学模式；第三章主要分析信息化技术与儿童体育教学的整合；第四章主要分析信息化技术与儿童体育教学的课程；第五章主要分析信息化技术与儿童体育教学的管理；第六章主要分析信息化技术与儿童体育教学的环境；第七章是关于信息化技术与儿童体育教学的思考。

本书既可作为幼儿教师、小学体育教师体育信息化教学的培训用书，也可作为体育教育专业人才培养的专业教材。

图书在版编目（CIP）数据

信息化技术与儿童体育教学融合研究/隋勇著. —北京：科学出版社，2021.3

ISBN 978-7-03-062642-4

Ⅰ. ①信… Ⅱ. ①隋… Ⅲ. ①儿童-体育教学-信息化-教学研究 Ⅳ. ①G807.01

中国版本图书馆 CIP 数据核字（2019）第 224156 号

责任编辑：张振华 / 责任校对：王　颖
责任印制：吕春珉 / 封面设计：东方人华平面设计部

科　学　出　版　社 出版
北京东黄城根北街 16 号
邮政编码：100717
http://www.sciencep.com

北京中科印刷有限公司 印刷
科学出版社发行　　各地新华书店经销
*

2021 年 3 月第　一　版　　开本：787×1092　1/16
2021 年 3 月第一次印刷　　印张：9 3/4
字数：220 000

定价：89.00 元

（如有印装质量问题，我社负责调换〈中科〉）
销售部电话 010-62136230　编辑部电话 010-62135120-2005

前　言

　　随着我国经济的快速发展，信息化技术与社会各领域之间的联系日益密切。在这种背景下，我国教学改革坚持与信息化技术相结合，一方面是为了保证教学活动的开展更加符合社会发展；另一方面是为了确保教学质量不断提升。儿童体育教学较为注重对儿童内在品质的开发，确保儿童的身心素质不断提高。现在很多学校过于重视文化课教学，忽视了对儿童身体素质的培养。当前，我国倡导素质教育，在教学过程中要保证学生不断提高自身综合素养，这样才能满足社会发展的需要。教师只有重视体育教学对儿童的重要影响，才能为儿童树立正确的学习观念，进而为儿童日后学习活动的开展奠定稳固基础。

　　本书针对信息化技术与儿童体育教学融合方面的探索与实践做了系统阐述，指出了信息化技术在儿童体育教学中的重要作用，并分析现阶段儿童体育教学现状及存在的问题，继而根据这些问题提出相应的对策，以推动我国儿童体育教学的改革与发展，以及教学体系的进一步完善。本书存在许多不足之处，请各位读者批评指正。

　　本书是教育部规划建设发展中心与重庆第二师范学院共建儿童研究院课题（CSDP18FC3210）主要研究成果之一。该共建儿童研究院课题是依托重庆第二师范学院协同创新平台——重庆市儿童体适能发展研究中心（中心编号：16xjpt02）申报立项的，感谢该研究中心对该项目的支持。

著　者

目　　录

第一章　信息化技术环境下的儿童体育教学

第一节　儿童体育教学的内涵与目标

一、儿童体育教学的内涵

综观当今社会，我们有儿童画报、儿童文学、儿童音乐、儿童绘画、儿童戏剧，但很少提儿童体育，这从一个侧面说明了我们对儿童体育不够关注，也说明儿童体育与健康的基本性和综合性还未得到真正重视。其实，《义务教育体育与健康课程标准（2011年版）》和《小学教师专业标准（试行）》等文件已经为我们指明了儿童体育绝不能程式化和成人化地发展和过度开发。

儿童阶段（3～12岁）正处于儿童运动的敏感期，此时的发展应该一切按照身心发展规律进行。因此，儿童体育教学就是要根据人的身心发展的特点和规律，一切为了儿童、一切通过儿童、一切基于儿童，通过身体活动对儿童进行教育，以达到发展体力、增强体质的目的，促进儿童主动而独立地接受健身心、强体魄的教育。

二、儿童体育教学的目标

（一）站在儿童立场，促进健康成长

儿童在表扬和鼓励中更能形成积极的运动参与意愿，培养运动兴趣和习惯。在体育教学中，教师应树立赏识教育的意识，充分认识与挖掘儿童的天性，并加以尊重、引导和鼓励。在儿童运动过程中，教师要善于发现儿童的点滴进步，培养其乐于拼搏的优良品质；根据儿童喜欢被表扬的天性，利用集体项目培养儿童的集体荣誉感，对于其正确行为，要马上给予肯定和鼓励，对于其不当行为，批评时语气要委婉而真诚，使他们能够从教师的态度中，敏锐地感受到对他们的热爱和信任。尤其是针对体育意识差、体质弱、性格内向、运动技能掌握慢的儿童，教师要充分利用儿童的荣誉感和责任感，使其扬长避短，克服自卑、懦弱的心理。教学实践证明，像"真不错""加油""我相信你""没问题""你真勇敢"等语言会激发儿童产生一种积极的心理暗示，从而激发儿童的内在动力，促进儿童健康快乐成长。

（二）关注儿童经验，促进强身健体

在传统的体育教学内容中，对于与儿童生活实际相联系的考虑是比较少的。例如，所有体操项目中的教学内容都是和动作难度变化相联系的，很少去关注儿童生活中所需的平衡、滚动等能力是否得到发展。在儿童体育教学中，特别是低年级的儿童是从教师这里获取体育知识技术技能，凭借自己原有的经验来学习，通过原有的经验与教师传授的知识有机结合便产生了学习效果。

再如，在"四面转法"教学中，经常出现儿童左右不分的情况，这成了学习的难点。在教学中，教师可以用儿童经常穿鞋子左右不分为情境引起他们的共鸣，然后因势利导，问儿童都有什么样的好方法可以解决这个问题。儿童有感而发谈了许多有趣且容易记忆的方法，然后在这样的背景下，教师开始进入基本部分，让儿童自由选择有趣的方法进行理解和记忆，很好地解决这个问题。由此可得，教师在进行体育教学之前，必须先了解儿童已有的经验，并以此进行切入设计，让儿童能在原有经验的基础上认识到自己已经达到的目标及存在的问题，教师应有针对性地让儿童明白自己已取得什么经验，还将怎样获得经验，以促进新旧经验的更新与结合，生成新的兴趣点，随时调整和生成教学内容。

（三）关爱儿童成长，养成健身习惯

培养良好的健身习惯无疑是促进儿童健康成长的最佳途径。作为一名教师，必须要站在儿童的角度看问题，要有童心、童趣，并在教学互动中和他们心灵相通，用自己的爱心播撒爱的种子。教师只有把爱放在儿童身上，才能获得事业上的乐趣；只有把脚站在操场上，耐心坚持养成教育，才能让每个儿童每天进步一点点。教师的智慧就在于要针对儿童身心发展的特点，通过每一节课、每一个活动让儿童喜爱运动、融入集体，积极参与体育活动，从而养成良好的体育运动习惯，这对儿童的身心健康发展和阳光向上的性格养成是大有益处的。

例如，在"仰卧推起成桥"教学中，教师可以先让儿童通过自己的观察，从生活中选取素材，模仿生活中最常见的一种建筑物，通过语言，形象地导入，从生活引入课堂，自然贴切，符合儿童的认识特点和习惯。引导儿童用身体来建桥，看谁的桥建得最牢固，并能让"车辆或船只"通过，这样可以激发儿童的学习欲望，使其更加生动形象地进入角色，避免对学习产生不必要的畏惧心理。儿童通过互相交流、帮助，可以促进同学间的合作，增进友谊，培养合作意识和能力。儿童对体育锻炼有了兴趣，就会积极参与，发展自己的特长，这就是新教学观念下兴趣贯穿课堂教学的形象说明。

（四）回归儿童世界，善用游戏精神

《义务教育体育与健康课程标准（2011 年版）》将"运动技能"目标描述为："在小学阶段，要注重体育游戏学习，发展学生的基本运动能力；在初中阶段，要注重不同项目运动技术的学习和应用，鼓励学生参加多种形式的比赛，逐步增强学生的体育与健康学习能力、安全从事运动的能力，加深对体育运动的理解。"在儿童的生活中，游戏是一种精神的体现，是儿童认识、理解、体验、超越生活的方式，是认识世界最重要的途径。在课堂教学中，教师可根据各年龄段儿童的特点对教学内容的选择与设计进行如下尝试。

例如，在"加速跑"教学中，借助"吹泡泡"和"塑料袋"，将简单的技术动作与生动的游戏活动融为一体，把跑的技术巧妙地融入。在阳光的照射下，七彩的肥皂泡漫空飞舞着，同学们奔跑着、扑打着、嬉笑着……儿童正玩得开心的时候，教师让儿童取出事先准备好的塑料袋，把泡泡装在塑料袋里，从而进一步激发和保持儿童的学习热情，让大家利用空气的阻力练习加速跑，教师把塑料袋贴在胸前，做加速跑的示范动作，塑料袋贴在胸前纹丝不动，儿童按照教师的要求分散开来朝着规定的方向，各自独立体验加速跑的感觉。这样把单一、无趣的加速跑形象化、趣味化，使课堂教学内容变得多姿多彩，儿童在生动活泼的气氛中潜移默化地掌握知识和技能、发展个性。这种方式既激发了儿童的学习欲望，又活跃了课堂气氛，使儿童的创造性思维和主体性意识在课堂中发挥得淋漓尽致，从而取得事半功倍的教学效果。

（五）舒展儿童天性，注重身心体验

美国教育家杜威认为，教育历程中所应用的利器就是儿童的天性，具体包括儿童自觉的需要、儿童已具有的动作经验。他指出儿童在没有接受教育之前，有一种天性的本能——惰性与冲动，教育就应该以其为根据和基础。儿童不是单纯接受知识和观念的容器，而是一个个有着不同需要与天性的鲜活生命，应以儿童的天性为前提，倡导身心体验符合儿童生命发展的内在逻辑。"体验是人的存在方式和追求生命意义的方式"，儿童的天性蕴含着积极的生命情感及巨大的潜能，它总是与情感、希望、想象、回忆、欢乐、痛苦等内在感性活动紧密相连，因此体验激情、体验自由、体验快乐、承受失败、忍受痛苦只有在天性中加以体验，才更有益于培养儿童的意志力、承受力、想象力和创造力。从某种意义上说，身心体验是儿童健康成长中不可或缺的独特元素。为此，教师需要探寻儿童的天性特征，创设适合其发展的体育课堂环境，营造相应直观化、情感化与形象化特征的运动情境，给儿童插上联想和想象的翅膀，让儿童身临其境，触"境"生情，激发其积极的情感体验，以达到精神上的激励和对体育"兴奋点"的形成，促使儿童生动、活泼地学习。

（六）运用儿童语言，满足身心愉悦

陈梅宝和曹强在《小学低段体育课堂教学中语言运用技巧的四点妙用》一文中指出："课程改革的核心领域是课堂教学改革，高效的体育课堂不仅取决于教师对教材的把握和对学生的理解，还取决于教师语言运用的技巧。"苏联教育家苏霍姆林斯基认为："教师的语言是一种什么也代替不了的影响儿童心灵的工具。"儿童语言是教师工作的特殊工具，是一把启迪儿童智慧的钥匙。在体育教学中，教师应掌握儿童的心理特征，按照童心、童愿等组织体育教学，只有这样，才能防止体育教学的程式化和成人化。在教授新动作时，体育教师可先用儿童语言，待儿童理解后，再使他们逐渐熟悉和运用简单的体育术语。总之，教师是教育改革和教学研究的主人，是教育改革和教学研究能否真正取得实效和成果的关键。"一切为了儿童的健康成长",凸显了儿童体育与健康课程"健康第一"的理念,彰显了教师站在儿童的立场,用儿童的视角和儿童的思维,与儿童平等对话,热爱儿童、尊重儿童、亲近儿童、研究儿童,从而形成有特色的儿童体育。

第二节　信息化技术在儿童体育教学中的应用

一、教育信息化的概念溯源与内涵特征

"信息化"一词最早于 20 世纪 60 年代出现在日本的一些学术文献中,当时主要是从产业角度对"信息化"这一概念进行阐述和界定的。20 世纪 70 年代, 联合国教育、科学及文化组织等先后出台了一系列推动信息化技术应用和发展的规划,这些规划都把信息基础设施作为重要一环。

1993 年 9 月,美国克林顿政府正式提出建设国家信息基础设施(national information infrastructure,NII),俗称信息高速公路(information super highway)计划,其核心是发展以互联网为核心的综合化信息服务体系和推进信息技术(information technology,IT)在社会各领域的广泛应用。在其带动下,许多发达国家和发展中国家相继出台了一系列国家信息基础设施建设规划,从而带动了全球信息化建设的浪潮。

20 世纪 90 年代,教育信息化概念伴随着信息高速公路的兴建而被提出。在美国的信息高速公路计划中,特别把互联网技术在教育中的应用作为实施面向 21 世纪教育改革的重要途径,美国的这一举动引起了世界各国的积极反应,许多国家相继制订了推进本国互联网技术在教育中应用的计划。

随着互联网技术的迅速普及,中国自 20 世纪 90 年代末开始,整个社会的发展与信息化技术的关系越来越密切,人们越来越关注信息化技术对社会发展的影响,"社会信息化"的提法开始出现,联系到教育改革和发展,"教育信息化"的提法也开始出现了。政府的各种文件已经正式使用"教育信息化"这一概念,并高度重视教育信息化的工作。

教育信息化既具有技术属性,也具有教育属性。

从技术属性看,教育信息化的基本特征是数字化、网络化、智能化和多媒体化。数字化使教育信息技术系统的设备简单、性能可靠和标准统一;网络化使信息资源可共享、活动时空少限制、人际合作易实现;智能化使系统能够做到教学行为人性化、人机通信自然化、繁杂任务简单化;多媒体化使设备信息一体化、信息表征多元化、复杂现象虚拟化。

从教育属性看,教育信息化的基本特征是开放性、共享性、交互性与协作性。开放性打破了以学校教育为中心的教育体系,使教育社会化、终身化、自主化;共享性是信息化的本质特征,它使大量丰富的教育资源能为全体学习者共享,且取之不尽、用之不竭;交互性能实现人—机之间的双向沟通和人—人之间的远距离交互学习,促进教师与学生、学生与学生、学生与其他人之间的多向交流;协作性为教育者提供了更多的人—人、人—机协作完成任务的机会。

教学信息化从根本上改变了传统的教学模式，其特征如下。

1．信息传递优势

信息搜寻要产生交易费用，其中，信息传递成本占据了相当大的份额。传统教学采用"师傅带徒弟"式的完全面授方法，花费了大量的人力物力，造成了社会资源的浪费。网络教学高速度的信息传递功能，无疑大大节约了全社会的信息传递成本。

2．信息质量优势

随着远程教育工程的实施，学生可以共享优秀教育资源和高质量的教学信息。不可否认的是，作为知识传授者的教师，其自身水平参差不齐，接受者获得的信息质量也就大有差异。由优秀教师制作课件，可以有效保证远程教学传输信息的质量。

3．信息成本优势

包括接受教育在内的权利平等是人类共同追求的目标之一。但是，由于现实的经济环境和经济条件存在差异，政府、民间团体、个人无论如何努力，仍有相当多的人难圆大学梦或继续教育梦。通过远程教育，学生可利用网上教学平台，按照教学安排，根据自身的学习特点和工作、生活环境，进行"到课不到堂"的自主学习。远程教育的低成本运行费用，带来了教育市场新变化，满足更多学生，尤其是贫困学生及因谋生而不得闲暇的成年人圆梦的机会。

4．信息交流优势

教学方式的现代化改变了传统的以教师为主的单向教学方式，形成了以学生为主体、教师为主导的双主教学方式。教育信息化利用信息化技术改变传统的教学模式，实行交互式教学，学生可以通过网上教学平台随时点播和下载教学资源，利用网上交互功能与教师或其他学生进行交流，通过双向视频等系统共享优秀教师的远程讲授及辅导，充分利用网络的互动优势开展学习活动。每个学生都能自由地发挥创造力和想象力，进而成长为具有探索求新能力的新型人才。

二、信息化技术在儿童体育教学中的应用分析

（一）信息化技术在体育理论课中的应用

在儿童阶段，体育学习除了包括基础体育知识，还包括健康、心理等方面的课程，这些内容结合后就会产生较多的理论教学内容。例如，卫生知识、基础生理知识、心理知识及体育常识等。在教授这些课程时，教师就可以轻松地应用信息化技术来进行辅导教学。在教学中，利用信息化技术的优势，可以使儿童更加顺利地完成学习任务，快速掌握体育知识与技能，也可以让教师更加轻松地完成教学任务。信息化技术的应用与传

统教师口述书本教学相比，也可为儿童更多地拓宽知识面，消除教学中的时空限制。从体育知识中的传统体育运动起源、体育项目基础规则到心理健康中的体育活动中体验进步或退步的情绪表现，体育活动中适应陌生的环境、陌生的同伴，再到社会适应中的体验集体活动和个人活动都可以应用现代信息化技术形象地展现出来。例如，在教授羽毛球基础规则时，教师就可以通过多媒体教学方式为儿童展示一场国际性的羽毛球比赛，儿童观看比赛视频既提高了学习的兴趣，又可以清楚直观地接受教师对具体规则的阐述，再配合一张羽毛球的场地图就可以简单轻松又富有成效地完成教育教学任务，还可以让儿童身临其境，为之后的具体学习埋下伏笔。通过以上分析可以得出，在体育理论课程中应用信息化技术，既可以开拓儿童眼界、提升儿童学习兴趣，也可以避免儿童对室内理论课的不重视，最终顺利使其完成学习任务。

（二）信息化技术在体育技能课中的应用

体育技能课既是帮助儿童掌握体育技能的一门课程，也是儿童体育教学中的一个重要部分。由于年龄认知的限制，儿童对于知识的掌握和接受能力都十分有限。所以，在目前的儿童体育教学中，体育技能的教学就必须由教师手把手地示范、讲解。但是教师的动作毕竟无法真正停滞，导致许多动作展示不清晰，尤其是较高难度的连续肢体配合动作，更是加重了儿童的学习负担。长此以往，不断地重复练习不仅会使儿童产生疲劳感，还会使儿童对学习体育技能失去信心。教师在反复教学中也会渐渐失去耐性，最终无法顺利完成教学任务。信息化技术可以完美解决体育技能教学中的这一窘境。通过图片、视频等教学，教师可以让儿童从各个方向来观察技能动作，可快可慢、可静可动，同时还可以将一个连贯复杂的肢体动作进行拆分、解析，然后详细地呈现在儿童的面前。儿童也可以一边看一边模仿，身临其境地体会动作要领与动作技巧，理解体育技能知识。同时，教师还可以在旁边不断纠正儿童不规范的动作，提高儿童的课堂参与性，发挥儿童作为课堂主体的地位。信息化技术在体育技能课中的应用，不仅可以提高儿童学习效率、教师教学效率，还可以在完成教学任务之后，进行更多的趣味素质教学，进一步贯彻教育教学改革。

（三）信息化技术在终身体育意识培养中的应用

随着科学技术和经济全球化的迅猛发展，人类社会的物质文化生活水平从整体上有了很大提高，人类的许多疾病得到根治，健康状况大为改善。但是，现代生产和生活方式造成的体力活动减少和心理压力增大，对人类健康造成了日益严重的威胁。为解决这一问题，就必须培养儿童的终身体育意识。通过反复强调及督促可能会让儿童产生反感，无法实现这一目标，但是通过应用信息化技术，儿童可以在视频和文字中了解与发现，不断坚持体育锻炼、保持身体健康，以一个最佳的状态参与到学习中去，真正理解并培养终身体育意识。

（四）信息技术在提高教师业务水平中的应用

教师拥有良好的素质及较高的业务水平是顺利推行教学改革的基础。教师在深刻理解新时期体育教学宗旨后，更应该发现应用信息化技术是提高教师业务水平的必由之路。首先，教师可以通过先进的互联网技术，不断地学习体育专业知识、开拓教学视野、提高自身素质；其次，现在许多网站都有网课资源，学校可以通过协商、购买等方式获取这些资源；最后，教师可以通过对优秀课程的学习寻找自己授课的不足之处，多加借鉴，提高自身业务水平。信息化技术对于教学方式、教学理念的改变是全面的，更是有效的。对儿童而言，信息化技术的应用将会不断提高其学习兴趣、培养自主学习能力、开拓儿童视野，更会将知识易化，帮助儿童进行感性认识，突破教学的时空限制，从而更加顺利地完成学习任务。对于教师而言，在提高自身素质的基础上，提高了授课效率，也减轻了工作负担，从而保证了儿童体育教学改革的稳步推进。

三、儿童体育信息化教学的发展建议

1. 启动网上虚拟教研室

每位学科教研员都开辟了本学科网页，根据学科特点设置相应栏目，与教师结成网上学习、工作、研究的共同体，即时交流，双向互动，有效克服了传统教研模式的众多缺陷，实现了教研活动的跨时空、低成本、高效率。

2. 利用网络资源开展网上培训活动

在教育信息网上开辟网上培训栏目，不断加强教师信息化技术技能培训，全面提高了教师的信息素养和利用信息化技术实施素质教育的能力。一是通过购买一些优秀教学资源，利用网络传输的便捷性，为教师提供视频培训内容，包括专家讲座、培训资料、区内名师的录像课；二是通过教研员或骨干教师定期推荐代表本学科教改前沿的优秀文章，丰富教师的阅读量；三是通过网络讲座、学校成果交流等活动形式，引领教师感受课改、生成新的教学理念；四是开辟网络论坛，将日常教学中的实际问题通过论坛展开讨论，使教学理念在参与中改进，认识水平在讨论中升华，教学策略在交流碰撞中产生。通过网上培训，教师可以实时点播，体会到专家就在身边的感觉，也可以充分发挥这些骨干教师的辐射带动作用，有效地解决了培训费用过高、理论与实践脱节及工学矛盾突出等问题。

3. 依托教育信息网，搭建全区教师自发交流的平台——教育博客

经过引导和规范，教育博客在教学反思、经验交流、家校联系等方面日益发挥出重要作用。各学校在校园网上自主建立学校博客，极大地激发了教师们交流沟通的热情。学区在此基础上建立了学区博客群，提升了师生与家长的凝聚力。

4. 搭建远程教学观摩平台

远程教学观摩评估系统是对教师进行教学观摩、实现优秀师资共享的重要平台。搭建远程教学观摩平台的作用包括：一是可以为校际教师提供优质观摩资源；二是学区内部可以利用该平台开展校际教学研讨活动；三是教研人员可以利用该平台进行常态课堂教学的评价，并通过网上教研等方式进行信息反馈；四是督导评估部门可以利用该平台了解学校的即时情况。

5. 推行教研员登台上课制度

教研员根据学科工作的实际需要，结合平时的调查研究，把需要研讨的问题或内容通过上课的方式表达出来，课后与教师展开对话交流，在探讨中解决问题、统一认识，成为增进交流、加强合作的有效载体。

6. 整体优化教师队伍

把教师的差异当成资源来进行开发，关注教师的个体成长，让每一位教师的价值都能得到体现。学校方面，为教师确立不同类别的发展目标。教师可以结合自身实际情况制定出自己的专业发展目标。学校遵循人尽其才、用其所长的原则，将其安排到最能发挥特长的岗位上，并有针对性地进行培训指导。举行业务比赛时，学校应让同一级别的教师在同一平台上公平竞技，保护后来者，激励前行者。同时，学校还要打破教师荣誉的终身制，对骨干教师实行动态化管理，使一劳永逸、懈怠不前、自满吃老本等思想不再有市场。骨干教师在享受荣誉的同时，还应切实履行其帮教义务。

第三节　信息化技术环境下的儿童体育教学设计

一、信息化体育教学设计的概念

体育教学设计是为体育教学活动制定蓝图的过程，它规定了教学的方向和大致进程，是师生教学活动的依据。教学活动的每个步骤、每个环节都将受到教学设计方案的约束和控制。近年来，随着多媒体技术和网络教育的飞速发展，越来越多的教师认识到"以学为主"的教学设计有自己的突出优点，即强调在教学中以学生为中心，要充分发挥学生的首创精神，促进学生自主探究、协作学习和创新能力的培养。信息化教学就是在信息化环境中，教育者与学习者借助现代教育媒体、教育信息资源和教育技术方法进行的双边活动。它既是师生运用现代教育媒体进行的教学活动，也是基于信息化技术在师生间开展的教学活动。其特点是：以信息化技术为支撑；以现代教育教学理论为指导；强调新型教学模式的构建；教学内容具有更强的时代性和丰富性；教学更适合学生的学习需要和特点。信息化教学不仅是在传统教学的基础上对教学媒体和手段的改变，还是以信息化技术为基础的整体的教学体系的一系列改革和变化。信息化教学设计就是运用系统方法，以学为中心，充分利用信息化技术和信息资源科学地安排教学过程的各个环节和要素，以实现教学过程的优化。应用信息化技术构建信息化环境，学生可以利用信息资源，进行自主探究学习，培养信息素养，提高学习兴趣，从而优化教学效果。

二、信息化体育教学设计的特征

（一）系统性

体育教学设计的系统性表现为系统方法。系统方法是把对象放在系统当中，从系统和要素、要素和要素之间的相互联系和相互作用的关系中综合精确地考察对象，以达到最优化地处理问题的一种方法。信息化技术环境下的儿童体育教学设计的系统方法，包括信息化技术环境下从学生需求与教学目标分析到证实成功地达到预期目标的教学评价等一系列步骤。在前一步骤中所做的决策是下一步骤的起点，如此，整个过程成为合乎逻辑的、理性的和系统的过程。

（二）统一性

教学设计不是一种直觉的冲动，而是一种理论与实践的统一。它既有一定的理论色彩，又明确指向教学实践。经过设计，无论是对教学目标的分解、教学手段和方法的运用、教学时间的分配，还是对教学环境的调适，都进行了明确具体的规定和安排。这一系列的安排带有很强的可操作性，抽象的理论在这里已变成了具体的操作规范和身体练习。教学设计是一个学习过程，在进行教学设计时，设计者可以发现自己对问题和解决方案的了解程度。就某种意义而言，采取的每一教学决策都会产生针对一个教学问题的答案，并有可能提出下一个问题。在这一学习过程中，设计者越来越倾向于从关注"教"转向更关注"学"，着眼于学生的实际特点，并为学生的身心发展创造有利条件。

（三）创造性

教学设计是一项极富创造性的工作。创造性是教学设计的一个基本特点，也是教学设计的最高表现。教师在周围独特情境的背景中阐明需要、确定潜在策略，对教学设计的因素进行归并或简化，该过程是自觉的、创造性的。当然，既然是一个自觉的、创造性的过程就不可能自始至终顺利进行。一个有经验的教师能很快发现自己的思路是否正确，这就是工作中的直觉。思想的丰富性、问题解决方案寻求中的新颖性及独特性，都来自教师的创造性。

（四）设计性

体育教学设计不是一种形式化的拟订教案的过程，或是简单地排定教学内容就可以大功告成，而是一种系统设计，需要遵循一些必要的程序，运用科学的方法，使教学设计理性化、科学化。

三、信息化体育教学设计的内容

完整的教学设计应该包括教学目标设计、教学起点设计、教学内容设计、教学方法和媒体设计、教学评价设计、教学结构设计。

（一）教学目标设计

体育课程教学目标不同于其他学科，它不仅有认知方面的目标，还有对学生身体、心理、社会适应方面的目标。因而，科学、合理地确定教学目标，是进行教学设计时必须正确处理的首要问题，是衡量教学质量的尺度，对教学方式起着决定和制约作用。

体育教学设计中容易出现的问题之一是对教学目标理解的片面化。长期以来，学校体育关注的主要目标是使学生掌握体育技术和技能，过于突出运动技能目标，其他目标则被忽视。在教学的知识运用和身体发展阶段，把教学内容等同于竞技训练，较少考虑教学内容联系社会和生产生活实际问题，较少考虑对学生体育态度和健身方法的指导及创造精神的培养。在提倡素质教育的今天，教学设计在目标的选择上应确立综合发展的要求，自觉坚持教学目标的多元化。既要有学生在实践操作领域应达成的目标，也要有在认知领域应达成的目标，还要有在心理道德素质方面应达成的目标。

教学目标确定之后，还要考虑教学目标的具体化问题。应当按照期望学生身上出现的可观察、可操作、可测量结果的方式，对教学目标进行具体说明。这种说明需要包含行为（做什么）、条件（在什么具体情况下）和标准（达到什么样的要求）等成分。从教学设计的系统来看，只有这些具体的教学目标得到预先确认，并让学生在教学开始前心中有数，才能凭借教学活动、教学条件引发与强化预期的行为，才能保证体育教师在教学中严格贯彻教学意图，随时调控教学活动。

（二）教学起点设计

教学设计的基本前提是为学生的学习而设计教学。因此，对学生的分析在教学设计中非常重要。对学生的分析通常包含两个方面的内容：学生的当前状态和学生特征。学生的当前状态和目标状态的差异构成了学习的需要，从学习需要出发设计教学过程，意味着对进入某一教学活动时的起点行为进行细致分析。当学习是一个连续环节时，学生的起点行为实际上就体现为对新任务完成起重要影响的先决身体、智能和情感条件。学生的起点行为是确定教学起点的基本依据之一，学生特征的分析是决定教学起点的又一基本依据。教师进行教学设计时需要关注的学生特征包括年龄、性别、认知成熟程度、学习动机、个人对学习的期望、焦虑程度、学习风格、经验背景、社会文化背景、以学习为目标的人际交流等。

（三）教学内容设计

成功的教学设计要求教师以生动而系统的方式按教学内容组织起来，确定主要的学习内容及各个内容之间的关系。科学的教学设计可以帮助学生理解所学内容的内在顺序，了解整个体育教学过程中各部分内容和整体的关系，以及各部分之间的联系，从而全面理解所学内容。

在体育教学过程中，教学内容集中体现在教学大纲和教科书中。教学内容的设计过程也就是教学设计者认真钻研教学大纲和教科书，选择、组织教学内容的过程。但是，目前的体育教学大纲、教科书中的内容大多以竞技体育项目为主要内容和章节编写，相互间具有相对的独立性，缺乏内在层次的关系，因而教师不进行序列化组合，不进行再施工，就难以使学生学到系统、完整、扎实的知识，学生的身心也难以得到全面发展，影响学生的逻辑思维、学习进度和学习积极性。教师必须打破以竞技运动项目为主线设计教学内容，对教学内容重新加工和序列化组合。教师应根据目标的要求，结合学生的实际水平，对学习材料进行重新加工，通过取舍、补充、简化，重新选择有利于目标达成的材料。对选定的教学内容还要进行序列化安排，使之既合乎体育课程本身内在的逻辑序列，又合乎学生学习发展的顺序，使学习材料的知识结构与学生的身体条件、认知结构有机地结合起来。

（四）教学方法和媒体设计

教学方法和媒体密切相关。一方面，教学方法大多离不开教学媒体的配合，教学方法具有物质性的特点；另一方面，教学媒体的使用必须贯穿一定的教学方法。因此，教学方法和教学媒体相辅相成，任何一方不恰当，均会影响教学效果。

教学方法是为完成教学任务而采用的方法，它包括教的方法和学的方法，是体育教师引导学生掌握知识技能、获得全面发展而共同活动的方法。教学方法的设计应有利于知识的传播，能力、情感、态度等的培养。教学方法可以分为"教"与"学"两个部分：在"教"上，主要是从教师的角度出发，教师首先应该制定完善的教学目标，继而再根据儿童自身情况完善教学计划，让儿童在学习过程中有效掌握强身健体的方法；在"学"上，主要是从儿童的角度出发，主要是强调儿童在学习过程中需要配合教师所开展的教学活动，要主动思考体育知识的深刻内涵，因此在学法上，教师既要考虑怎样指导儿童去获得已有知识和技能，又要考虑指导儿童怎样利用知识锻炼身体、怎样主动改善自身的身体状况，不断调控儿童的学习状况。

教学媒体是传递教学信息的工具，它直接沟通教学双方。体育教学设计中媒体的含义是广泛的，除了体育场地、器材以外，还包括语言、文字、粉笔、黑板等传统媒体和现代电子媒体。选择教学媒体时，教师需要综合考虑几个方面的因素：一是学习情境特征，如在具体的学习情境中，所选的媒体是否有效、易行，是否适合学习、支持学习；二是媒体的物质属性，各种媒体之所以不同，是因为它们可以呈现沟通的物质特性间的差异，如有的媒体可以呈现视觉的效果，有的则不能；三是学习本身的特色，在选择教学媒体时，教师必须考虑预期的学习结果，在这方面，媒体之间最大的不同可能就在于互动的品质。当学习动作技能时，对学生不论正确或错误的反应提供适应的回馈，都能增进学习效果。在学习有空间顺序或时空关系的具体概念或动作时，教学中就要有必要示范或呈现影像。例如，在学习足球规则中"越位"一节时，为了使学生清晰地理解"越位"规则，最有效的呈现方式就是图例和影像，而非文字的描述（示范）。此外，还要考虑学生的实际，在选择教学媒体时，要始终把学生放在中心地位，使学生的积极性、主动性得以充分发挥。鉴于学生学习风格的不同，适用于他们学习的媒体也要有所不同。

（五）教学评价设计

评价是检验教学效果和调整教学过程的重要手段，确定评价策略和方式是教学设计的必要一环。在教学中，教学评价应该贯穿于教学活动的全过程。其中，评价的一个主要功能是检验教学效果是否达到目标。当然，有效地测定学习目标的达成度并非易事，需要考虑多种因素。要阶段性地重新评价，以保证所获得的知识、技能是否已内化到学生的认、知、行的结构中，所养成的情感态度是否持久。对于教学来说，教学评价的另一个重要的功能就是教学功能。学生通过教学评价来审视自己，对后续的学习活动进行相应的调整。常见的教学评价手段是常模参照评价和标准参照评价。标准参照评价虽然比常模参照评价更具有人本精神，但仍然不能准确表述体育教学的理想。体育教学所追求的真正价值并不仅仅是能力本身，更重要的是能力的变化。所以，教学评价的对象应是学生的能力变化，而不是学生的能力水平。教学评价的更理想的手段是基于进步的评价，只有进一步参照评价才能真正反映体育教学的理想。除教学评价手段改进外，教学评价的设计还要注意适时性，把握好评价的时机；注意全面性，把握好教学的各个层面；注意多样性，把握好教学评价的不同形式。

（六）教学结构设计

教学结构是为了完成一定的教学目标，在时间和空间上，各种因素的排列和组合。确定教学目标、分析和组织教学内容、选择教学方法和媒体、设计教学评价等，归根结底都要回到具体的教学结构上来。这需要教师对教学进行整体的安排，如需要确定哪些教学环节、各个教学环节占用多少时间、如何运用教学媒体和教学方法进行教学活动等。要求教师在对教学结构进行决策时应体现科学性、整体性、协调性的理念。一是在设计教学目标时应坚持科学性理念，根据具体的对象及内容，恰当地选择教学环节，把握好每个环节的任务和要求，相辅相成，互相协调。同时，合理地分配各个环节的教学时间。二是在选取教学环节后应运用整体性理念，要具体到设计教学各环节的组织，教师应从整体角度出发，思考如采取何种手段引起学生注意，采取何种方法、运用何种媒体呈现有关内容等。三是在选择好教学手段之后应运用协调性理念，为的就是确保在教学过程中的每一个阶段都更加协调，进而以保证整体的功能大于各部分功能之和。

四、对传统体育教学设计的反思

体育教学活动具有明确的目的、丰富的内容、复杂的对象、多变的环境、多样化的场地器材、固定的时间及其他多种影响因素，要想在诸多因素影响下取得令人满意的教学效果，优质高效地达到预定的目标，就要对其进行全面细致的安排和巧妙的设计。因此，体育教学设计无论是在体育教学理论方面还是在体育教学实践中历来都是得到高度重视的。但是，在传统的体育教学中，往往将体育教学设计与备课甚至编写教案之间画等号，片面追求规范化和格式化，对影响教学活动的各种变量做出静态的规范，从而使体育教学过程变得有章有序、有条有理，教学活动四平八稳，容不得任何"节外生枝"，追求教学结果与教学目标的完全吻合，于是许多"目标明确，结构严谨，条理清晰"的优秀体育课就在传统的体育教学设计下产生。不可否认，传统的体育教学设计对维护和促进传统体育教学理念下的体育教学实践活动起到了积极的作用，但同时也使传统体育教学的种种问题显现出来。

（一）传统体育教学设计使教与学程式化、机械化、呆板化

传统体育教学设计严格地按照运动技能的固有要素特征和运动技能形成的一般性规律进行教与学的程序设计，按照公共理论安排个体教学活动，对教学活动中学生心理、学习环境等本来属于不确定性的变化因素进行确定性的假设和规范，从而形成"千人一面"的课堂教学，教师无针对性地讲解、示范，学生机械模仿。师生"课复一课"地重复大家所熟悉的这种公式化的教学模式，在课堂上自动地将长期固定了的角色对号入座，配合默契，驾轻就熟。一份体育课教案，可以被一个教师重复使用多年，甚至可以作为许多体育教师教学设计的范本，这样课堂教学就失去了个性与活力。

（二）传统体育教学设计阻碍了教师的课堂教学创新

在传统体育教学设计理念下，教学规范是最基本的设计要求，无论什么教材，从讲解到示范再到纠错，环环紧扣，步步有序，设计到位，教学过程走过场。许多对学习活动的设计，学生可以做不到，教师却不能不计划到。许多体育教师在教学活动中的智慧火花被埋没在这种教学规范之中，久而久之，便适应了这种按部就班的设计思路。如今在推广体育新课程的时候，面对在过去课堂教学中闻所未闻的许多新现象，许多体育教师表现出明显的不适应，甚至产生排斥或否定态度，开始怀疑新课程，拒绝新课程，留恋从前，从而导致推广新课程阻力重重。

（三）传统体育教学设计扼杀了学生的主动性和主体性

传统体育教学设计关注的是体育知识与技能的传授，是学科中心论的产物，这种"只

见学科不见人"的教学背离了教育培养人的神圣使命,把本来应该生动活泼的体育教学活动固定在狭窄的认知主义框架之中;只关心体育知识技能教学的程序性和逻辑性,而不关注学生在教学活动中的情绪生活和情感体验,以及这些心理因素的变化可能对预设教学目标的实现所带来的影响;只考虑学生的一般认识规律,而不重视学生的个体差异。这种教学设计下,学生缺乏主动参与而难以达到知识技能学习的预定的目标,而且这种教学从根本上失去了对人的生命存在及其发展的关怀,体育教学从而失去了从整体上培养人和教育人的价值。这是过去的体育教学设计思想所造成的最严重的不良后果。

五、新课程理念下的体育教学设计

(一)体育教学设计以学生为出发点

体育教学设计以学生为出发点与传统体育教学设计中教师按照自己的主观想象,把方便教学作为主要设计思路有着根本的区别,体现了新课程"一切为了每一位学生发展"的核心理念,也是美国教育家加涅的"为学习设计教学"这一名言的具体体现。体育教学设计把对学生不同特征的分析作为教学设计的基本依据,注重充分挖掘每个学生的内部潜能,调动他们学习的主动性和积极性,突出学生在学习过程中的主体地位,关注学生的个体差异,着重考虑的是对不同学生个体的有效指导与学习促进。教是为了学,所以教学设计者就必须站在学生的立场确定教学目标、选择教学方法、应用教学媒体和策划教学过程。

(二)体育教学设计突出整体发展

体育教学是围绕一定的技能展开教学活动的,离开了技能的教与学,体育教学活动也就失去了教学的意义。但技能学习绝不是体育教学的唯一目标,而是实现体育教学育人目标的手段与载体。因此,新课程理念下的体育教学设计,不仅仅是设计学生如何通过有效的学习活动掌握技能,更重要的是设计出有效的课堂学习与交流活动,使学生在这种活动中体验到个人与群体的互动关系,懂得理解人、尊重人、关心人与帮助人,担当和适应各种社会角色,正确理解个人价值,掌握安全的知识与技能,养成对自己生命高度负责的态度,感受关爱他人和被人关爱的生活体验,养成良好的生活习惯和健康乐观的人生态度。因此,体育教学设计致力于使传统的以技能传授为中心的"知识课堂"真正转变为以学生发展为中心的"生命课堂"。

(三)体育教学设计采用系统设计方法

体育教学设计不是着眼于某一学习目标、关注于某一学习领域或就某一教学资源进行刻意的加工和策划,而是旨在通过精心创设的教学系统为学生提供最有利的学习条件,追求教学系统的整体优化。这就要求教师着眼于整体,从整体与部分、整体与环境之间的相互联系、相互制约中选择解决问题的优化方案。体育教学的系统设计,必须对该课教学资源进行系统的分析。体育教学资源既包括教材内容、活动方式方法、情感态度与价值观，以及学习目标等要素来源，又包括时间、教学的场地器材设备、教学环境、学生的已有体育认识和基础、教师的教学能力等教学条件。如此繁杂的教学资源，都会对体育教学活动产生直接影响，尽管处理好它们之间的关系是困难的，但在教学设计中却是必要的。因此，体育教学设计本身就是教师教学素质和教学风格的综合体现。

（四）体育教学设计是确定性与不确定性的统一

体育教学是有一定规律性的，因为动作技能的形成是有一定规律的，学生的身心发展也是有据可依的，特定教材确定后的教学活动必然有其规律性，这是体育教学活动确定性的一面。体育教学设计首先应从教学规律出发，应用系统设计的方法，在客观地分析体育教学规律和特点的基础上，来设计新的教学工作程序和环节。建立在确定性基础上的体育教学设计可以有效发挥其在教学活动中的计划功能，增强体育教学的针对性，缩短教学时间，提高教学效率，使体育教学活动形成优化的运行机制。另外，体育教学学习的主体是活生生的人，所处的教学环境是规格不等的体育场馆，认知形式是身心统一的运动性认知，这些特性足以决定体育教学的活动过程具有很多不确定性。即使教师有目的地引导和控制使教学活动呈现一定的定向发展，也不可能确保活动结果的确定性，而且这种引导与控制往往不得不以牺牲学生的主体性和教师教学的创造性为代价。体育教学的这种不确定性决定了体育教学设计不可能也不必对教学过程制定面面俱到的规范，这样才能保证课堂教学既有计划性的一面又有生成性的一面。

六、体育教学设计的内容和程序

（一）内容分析与教学主题设计

内容分析与教学主题设计要解决的实际上是教师"教什么"及学生"学什么"的问题。新课程理念下的体育教学中，教师的任务不仅应关心"如何教"的问题，而且应成为课程的创造者和主体，他们必须对给定的内容不断进行变革与创新。"教什么"与"学什么"也不能画等号，学生对教师给出的学习内容可以有自己的理解和选择，从而转化为自己的课程。所以，对教学内容的分析不仅仅是对教科书既定的学习内容的动作要点、重点、难点进行分析，更重要的是教师必须根据本校的实际情况及学生的经验对学习内容进行重新建构。教学主题设计则是在学习内容分析的基础上根据对技能本身的价值判断，设计出更具生活意义和生命价值的学习主题。例如，可以把跳高、跳远、跳山羊等技能结合在一起进行课堂教学设计，定名为"越过障碍"这一学习主题。

（二）学生情况分析

对学生的分析是建立以学生为主体的体育课堂教学的前提。对学生的分析，一是要分析学生的需求状况，解决教师"为何教"、学生"为何学"的问题；二是要分析学生的技能学习基础和学习能力，为"如何教"寻求共性的实践依据；三是要分析学生的差异状况，为可能采用的个性化教学指导提供设计依据。

（三）教学目标设计

体育教学目标的设计是建立在充分认识技能的教育价值基础上的。因此，体育教学目标就不仅仅是指学生技能本身的学习结果，更要关注学习过程，能较准确地描述学生在具体的学习行为后在情感、态度、价值观及能力与个性等方面的发展变化。明确具体的教学目标有利于教学策略的设计和教学媒体的选择，同时也为教学评价提供依据。因此，体育教学的目标在表述上至少应包括三个部分，一是说明在教学中确定的技能和行为；二是说明学生完成任务时所允许的条件；三是提出评价学生达成目标的标准。

（四）教学策略设计

设计教学策略就是解决教师"如何教"、学生"如何学"的问题，其中"学"是"教"的前提和依据，没有"学"的"教"是没有意义的。在新课程理念下，体育教学策略的设计应实现下列三个方面的转变，一是学习方式上，应从以机械性的模仿练习为主要特征的接受式教学向以自主体验、互助交往和创新为主要特征的探究式学习转变；二是教学呈示方式上，要从以规范动作的讲解示范为主要形式的定论呈现向以学生体验、感悟为主要形式的间接呈现方式转变；三是师生互动方式上，由传统的教师教、学生学的单向传递活动转变为师生双方相互交流、相互沟通、教学相长、共同发展。

（五）教学媒体设计

体育教学中，最主要的教学媒体是场地器材，而对场地器材的合理布置与使用也是体育教师教学理念的具体体现之一。传统教学以规范的竞技技能学习为主要目标，场地器材往往以"规范"为基本原则。以学生的发展为本，追求技能学习的育人价值，体现生活性、娱乐性的游戏和活动对场地器材的选择提出了新的要求，尤其是各种自制器材应得到有效开发，这些都是新课程理念下体育教学设计的基本组成部分。

（六）教学过程设计

教学过程的设计就是把体现教学的流程通过某种方式表示出来，具体描述出课堂教学的基本结构及各个部分、各部分中各要素之间的相互关系，并设计出直观而具有交流价值的教学设计方案，一般的形式是教案。根据体育教学的不确定性特征，教学过程的个性化和多样化将取代传统体育教学的"三段式"课堂结构，以主题教学为主要形式的生活化的体育教学活动将在新课程理念下体育教学中展现出独特的魅力。

（七）教学评价设计

教学评价的设计就是对教学活动中评价方案的设计。新课程理念下的体育教学注重发挥评价的激励和促进作用，评价重心从终结性评价逐渐转向更多关注学生学习活动的过程。体育教学设计应把教学过程中的教师评价、学生自评及学生间的相互评价作为重要的设计内容，从而使教师在教学过程中更有效地把握评价环节，及时发现学生的进步，有效激励学生的学习，并对改进教学活动及时提供有效的信息。

第四节　信息化技术环境下的儿童体育教学资源

一、儿童体育教学资源信息化的意义价值

（一）有助于降低儿童体育教学成本，提高信息传递效率

信息化技术的运用能够对教学管理产生一定的替代作用，减少教学工作量，同时也能够提高教学信息的传递效率。此外，信息化技术在儿童体育教学中的应用，能够明显降低教学管理成本，使儿童体育教学组织方面的成本优势得到显现。而随着体育教学成本的降低，信息资源的开发利用效率，以及信息资源的开发利用范围都获得了提升，儿童体育教学也能够以相对较低的信息成本进行教学管理，在这种情况下，教学管理规模也随之扩大，这样一来，传统的儿童体育教学组织方式被打破，儿童体育教学工作获得了一个新的运作空间。

（二）有助于将儿童体育教学中的重点、难点逐一解决

儿童体育教学资源信息化，除了会运用传统的挂图、模型、录音、投影外，计算机网络技术、虚拟现实技术等也应该加入其中。通过这些信息化技术的运用，能够实现立体和平面模拟、语音和实景重现及动态过程转换等，不仅有利于突破儿童体育教学中的重点和难点，还能够将复杂问题简单化，使教学过程游刃有余，提升教学效果。

（三）有助于提升儿童在体育学习中的参与性与积极性

信息化技术对儿童而言具有极强的吸引力，因此，将信息化技术引入儿童体育课程的教学体系之中，将提高儿童的学习兴趣，促使儿童集中注意力，而这无疑是具有重要意义的。在将儿童体育教学资源信息化的过程中，能够将原本无声的教学内容变得声情并茂、动静融合，学生也就能够非常自然地、主动地进入理性的思维状态之中，并在教师的引导下，对所学内容产生更加深刻的理解。

（四）有助于促进教师与儿童在教学中的互动和交流

实际上，在任何时候，教学工作都不应该是单向的、刻板的、失去生命的。尤其在当今社会，儿童的自主性和个性越来越强，体育教学工作就更应该将儿童的身体素质情况、兴趣爱好特征及运动技能水平等进行综合考虑，充分认识到学生之间的个体差异，因材施教。而传统的教学模式似乎并不能很好地做到这一点。当将儿童体育教学资源信

息化以后，教师与儿童之间互动的平台便有构建的可能。在这一资源平台之中，教师和儿童之间可以通过现代化的信息化技术手段实现双向的互动，这样一来，既将教师的主导作用发挥了出来，又充分体现了儿童的主体性和主动性，儿童的创新意识、创造意识和实践能力也因此获得了最大限度的培养。

二、儿童体育教学资源信息化建设的问题

（一）资源建设目标不明确

在建设儿童体育教学资源信息化的过程中，往往缺乏明确的目标，导致建设的随机性和盲目性较强，不利于发挥资源的适切性。信息化资源采购是儿童体育教学资源建设中的重要环节，但是在实际采购过程中采购的数量较少。虽然可以自主开发儿童体育教学资源，但这些多是由一线教师自主制作教案与课件，没有结合学校的整体需求来制定建设目标。

（二）资源评价机制不健全

资源评价主体多是教研人员、资源开发人员和专家，而儿童和体育教师无法成为资源评价的主体，导致儿童体育教学资源信息化建设缺乏健全的评价机制。由于儿童和体育教师是儿童体育教学资源的主要使用人员，因此，在评价信息化教学资源的质量时，需要体育教师与儿童从不同层面出发，及时发现信息化教学资源应用的优缺点。此外，反馈评价机制不完善也是导致评价机制不健全的重要因素。信息化教学资源在实际应用过程中会存在一些问题，如果缺乏相应的反馈评价机制，则难以保证儿童体育教学资源的及时改进，从而影响其建设质量与应用效果。

（三）教师信息素养待提升

大部分体育教师在使用儿童体育教学资源时，虽然具备较高的热情，但是在制作、使用与获取资料等方面处于被动状态。部分教师在获取资料时会选择网上搜索方式，但是存在盲目搜索的情况，无法找到恰当的网站；制作与使用资源的方式单一，主要采用多媒体课件，并受自身能力的限制，无法熟练掌握信息化技术，难以制作出高效的课件。同时，由于没有经过系统化和专业化的培训，体育教师在使用儿童体育教学资源时难以有效运用信息化技术，无法保证教学设计的效果。

（四）软硬件资源建设不完善

1）在软件资源方面，在建设儿童体育教学资源库的过程中，存在质量差与数量少等问题。教师只能从网上搜索相关的信息化儿童体育教学资源，没有足够的时间和能力筛选与整合资源。部分学校的资源库多由教师制作的课件构成。同时，信息化儿童体育教学资源过于单一化，多媒体课件较多而缺乏电子题库与网络课程。造成这些问题的原

因往往在于相关学校忽视软件资源的建设，部分教师缺乏较强的信息化技术运用能力。

2）在硬件资源方面，体育教师在实际教学过程中，受无线网速等因素的影响，较少使用移动信息平台，导致学生智能穿戴硬件的使用频率较低。此外，学校难以保证相关通信硬件设施的齐全，硬件的基础设施建设和环境不完善，无法构建信息化教学场景等问题，并且学校校园网较少涉及教学资源建设，无法将其作用加以充分发挥，影响信息化儿童体育教学资源的建设与应用。

三、儿童体育教学资源信息化建设的建议

（一）明确资源建设目标

在信息化教学资源建设过程中，应从资源的形式、类型和内容等方面对建设目标加以明确，加强软硬件资源的建设，将课程与信息化技术进行有机整合，确保资源建设能够满足学校的实际教学需求。学校在教学资源建设时应结合具体情况，如建设资金的筹集、相关人员的组织与培训、建设方式的确定等，保证建设方案的科学性与合理性。教师在实际教学过程中，应对教育技术进行合理选择，充分利用媒体技术来制作教学资源，保证教学资源开发利用的合理性。

（二）健全资源评价机制

在建立健全信息化教学资源的评价机制时，必须保证评价主体的多元化，强化资源评审，保证评价模式的开放性，有效提高教学资源评价的合理性与全面性。教育部门应利用评价反馈机制鼓励社区居民、家长、学生和教师等参与评价活动，并将非正式和正式的评价方式进行有机结合。例如，邀请专家、教研人员和优秀教师进行正式评价，并利用网站等形式征集广大使用者的意见，形成非正式评价，保证资源评价模式的开放化。当然，如果评审难以达到相关标准，则需要结合具体的评审意见加以修改，保证其满足相关要求后再用于资源库中，提高资源的易用性、适用性、教学性与规范性等。

此外，学校可建立完善的评价反馈机制，对各方的评价反馈意见加以及时获取，保证评价的动态化，促进现有教学资源质量的提高。在资源建设的过程中，可进行形成性评价，对资源状况进行定期测评，科学分析资源构成，并结合反馈信息和需求信息来调整建设方案，保证其形式、类别、结构和内容等方面的动态化。学校应对各建设主体的自评功能加以充分发挥，整体评价资源，从资源内容与结构等方面来协调建设。

（三）加大教师培训力度

要想加强信息化教学资源建设，必须加大教师培训的力度，强化其应用能力。

1）应对培训模式加以创新。应积极组织对骨干教师和学校领导的培训，对本地资源加以有效整合，搭建培训的平台。同时，学校应从教师的岗位、年龄和所教课目出发，有针对性、有层次性地组织培训项目，并通过协作、研讨和交流等方式推行信息化技术，

采用在线学习和网络课程的形式来拓展知识。在对培训中的实践项目加以强化时，需要从技术和理论两个方面加以强化，要求教师在对教学资源加以制作时能够增加实践性内容的比例。此外，学校可积极邀请专家来校进行交流，解答教师存在的疑难问题，也可将教研与培训进行融合，保证教师能够做到学用结合。

2）应建立激励机制。在机制建立过程中，应从教师的实际需求出发，将教师管理和信息化技术水平作为教师考核奖励、职称评定和资格认定的标准，对教师教学使用的课件与文档进行定期检查，强化物质激励的作用。同时，针对教师不同的信息化技术水平制定不同的权变政策，表彰具有较高信息化技术水平的教师，培训信息化技术应用基础差的教师，不断提高教师的自我认同感，使其发挥出精神激励的作用。此外，学校可对信息化教学的作用与优势加以充分宣传，建设网络测评系统，便于教师了解自身的信息化技术水平，弥补自身不足，达到以评促学的目的。

四、儿童体育教学资源信息化建设的路径

儿童体育教学资源信息化建设需要经历共享、共建、共生三个阶段，最后到迟共知。共享，即分享，指将信息化儿童体育教学资源与他人共同享有。通过共享，可以使教学资源实现增值。共建，指共同建设与开发，不断创新。共生，由德国微生物学家 Anton de Bary 于 1879 年首次提出，原指一定生态环境中具有有机联系的同一类型的不同对象之间、不同类型的对象之间、个体与群体之间相互承认、相互依赖、利益互惠的共存关系。袁年兴认为这里指信息化教学资源的建设者、拥有者、使用者之间互依互存、互惠互利的关系，以及各种信息化教学资源之间相互影响、相互促进的关系。共知指共同了解与认知，是儿童体育教学资源信息化建设的最终目标。

信息化教学资源的共知作为最终目标，是我们进行资源建设的最高境界；共生是法则，是达到这一目标的保障；共建是手段，只有共同建设，才能丰富我们的资源，促进我们的教学质量的提高；共享是动力，是资源建设的动力和源泉所在。只有存在共享的需求，才会有共建的行动，才会有共生的状态，才会有共知的未来。

（一）共享

首先，信息化教学资源的共享不是平均享有。共享不是要取消差距和差别，适当的差距与差别能形成动力和活力，形成良好的激励机制，更好地促进共享。其次，共享不是豢养懒人。共享可以享受共同的成果，但并不是消极等待和坐享其成。共享必须有创新与风险意识，要大家积极地参与资源的建设。再次，共享不是一步到位。信息化教学资源达到共享需要有一个过程，存在时间先后与不同阶段，因此要考虑到不同学校、不同资源共享的异步性，不能强求整齐划一。最后，共享不只是物质共享。信息化教学资源的共享不仅指物化东西的共享，还包括文化、理念、方法等的共享。

（二）共建

首先，信息化教学资源的共建不是人人都要建。我们希望一部分有技术、有能力的人先行建设一批优质的教学资源，从而带动影响其他人的建设，为教学资源的建设积累经验，并树立榜样。其次，共建不是等人家建。"既然不是人人都要建，那我就等其他人建好了我来享用"，这种消极的态度和想法不利于资源的建设。再次，共建不是平均分配。每个人在教学资源建设过程中的角色可以不同。教学资源的建设往往是技术专家、学科专家、教育学专家、行业专家等众多人员的合作成果，每人承担的角色与任务都不相同。最后，共建不要重复建设。重复建设尤其是低水平的重复是对人力、物力的极大浪费。信息化教学资源建设应尽量减少重复。

（三）共生

共生现象的存在意味着各个共生单元之间既相互独立又相互承认、相互依赖、相互促进，共同适应、共同存在、共同发展。张家军（2009）认为共生的许多特征对我们信息化教学资源的建设有重要的影响作用。第一，进化性。这是强调共生系统内的共生单元之间、共生单元与共生系统之间存在一种相互促进、相互激发的作用。这种作用可加速共生单元及共生系统的进化创新，并产生新的物质结构，如随着技术的进步，教学资源不断更新提高。第二，共同性。共同适应、共同发展。这是对共生系统中异质者存在的认可，如不同形式或技术表现的教学资源同时存在。第三，合作性。共生系统及各共生单元互补合作、相互依存，从而得到发展和进化。第四，互利性。共生系统及各共生单元互惠互利、共生共荣，有利于相互关系及自身的不断完善与发展。第五，相变性。共生系统及各共生单元相互作用、变异进化。第六，主体间性。共生系统及各共生单元彼此依存，自由共在。第七，发展性。共生系统及各共生单元相互关联，动态发展。

信息化教学资源的建设需要通过共享、共建、共生到达共知，这是一条富有创新精神的发展之路。

五、儿童体育教学资源信息化的发展理念

（一）生态观

信息化教学资源的建设与应用是一个有机、复杂、统一的生态系统，是平衡、动态、可持续发展的。有学者把信息化教学资源的建设作为一个特殊的生态系统来研究，综合考虑环境、资源、使用者等各种生态因子之间的多元复杂关系，不仅可以获得对信息化教学资源新的认识，发展和完善信息化教学资源建设理论，而且对改变目前信息化资源建设与应用中的生态失衡现状等有重大的现实意义。信息化教学资源建设与应用的环境包括理念层面的思想观念、制度层面的政策措施、服务层面的支持服务和物质层面的信息基础设施等，是一个复杂的系统，要注意它们之间的相互协调。

1）限制的观点。信息化教学资源建设中涉及许多因素，如规范制度、资金投入、软硬件设施、教师能力、学生素养等。当多因素共同作用时，尤其要注意最弱的因素对整个系统产生的不利影响。

2）局部的观点。在教学资源建设过程中，学校是一个相对封闭的生态系统，容易产生自我为中心和满足的情况。因此，学校要尽量多与其他学校甚至国外学校联系，使系统处于开放、畅通状态。

3）生态位的观点。不同的资源类型、不同层次的学校、不同学科年级的教师之间，都会由于自身独特的生存状态而呈现一定的生态位，所以在信息化教学资源的建设与使用过程中，要加强学习与交流，不断提升质量与水平。

4）群聚的观点。生态系统的能量、信息流动会群聚在少数掌握关键资源和技术的主导者手中，一部分人会因得不到有效、优质的资源而逐渐处于边缘地带。因此，信息化教学资源的建设重在推广与交流，优质的教学资源要加强共享。

（二）再生观

再生就是死而复生，原指生物体的一部分在损坏、脱落或截除后重新生长的过程及废旧品经加工变成新产品。李远航和秦丹（2011）将再生的含义引入信息化教学资源的建设：一是更新，使用者根据新的信息加工替换原有教学资源；二是拓展，使用者根据自身已有的经验与图式加工衍生出新的教学资源；三是创造，使用者设计开发出新的教学资源。信息化教学资源的创作者和使用者在浏览、应用这些资源的过程中与资源发生交互，并在此基础上依托个体自身已有的经验与图式衍生出新资源。再生观指出信息化教学资源是在教学动态进行过程中形成并不断充实的，是用自己的经验与图式内化教学资源，并将这部分隐性资源反馈到教学资源体系中，形成对教学资源的有益补充。

例如，教师利用 Blog（博客）技术进行教学叙事和教学反思，学生利用 Blog 进行课程知识的整理，从而实现个人知识向公众知识的转化。再如，我们利用 Tag（标签）与 RSS（really simple syndication，简易信息聚合）技术实现个性化的网络学习行为。Web 2.0 出现后，Blog 等技术的实现和运用，拉近了人与人之间的距离，使人们能在网上分享自己的知识，从而促进隐性知识向显性知识的转化。

（三）空间观

学习空间，一般被理解为学习发生的空间场所。学习环境一般指学习在其中赖以发生的、由一系列要素和活动构成的整体。廉莲（2011）认为早期的学习环境主要由物理实体空间构成，即由学校建筑、课堂、图书馆、实验室、操场及家庭中的学习区域所组成的学习场所，因此学习环境和学习空间是一体的。但后来随着信息化技术对教和学的深入和渗透，学习环境对以多媒体计算机及网络为支撑的学习系统、管理系统等的依赖性越来越强，其虚拟性质也越来越强，从而导致学习环境与学习空间逐渐发生分化。学习空间仍然关注实体空间，学习环境则更加关注虚拟环境。因此，数字化教与学空间，是以多媒体计算机及网络为支撑的，以学习系统、管理系统等为基础的学习环境。利用 Web 2.0 技术，我们可以建立数字化教学空间。例如，利用 Second Life 可以建立一个全虚拟的教与学的世界；Blog 建立了一个自我学习和思考的空间；网络课程平台建立了一个远程和虚拟学习空间等。因此，要充分利用信息化教学资源的虚拟空间特性，建设一个知识创造与学习的自由环境，从而实现由实体的学习空间向数字化、虚拟化的学习空间转变，更好地为教与学服务。

（四）服务观

教育信息化服务的中心是学生，要注重学生在教育信息化环境中的主体地位，尊重学生的身心特点，激励和支持学生充分利用信息化环境学习和生活。因此，在信息化教学资源的建设过程中，要强调服务的理念，主动提供教学资源的咨询、定制、代理、递送等服务，积极创建和提供资源型、研究型、协作型等各种学习环境，充分利用网络和各种开放服务系统，为学习者提供学习的平台与帮助。李艳等（2007）认为淘宝等购物网站大多重视个性化资源推送和服务，重视资源的分类与属性、行为数据统计分析、预定义范式分析等，在资源推送的过程中针对不同的用户（学习者）对象，推送不同的资源。它们的服务意识与做法，值得信息化教学资源建设者学习。

（五）文化观

文化体现在持久的社会过程中，是社会共有、共认和共享的，是由包含许多个体的集体创造的，在一个集团或一个社会的不同成员中反复发生的行为模式。文化是一个过程，只有在相互作用的社会群体中才会存在文化。文化是由包含许多个体的集体创造的，个人无法构成文化。

把文化观引入信息化教学资源建设，我们应注意以下几个方面：首先，要注重信息化教学资源建设的内化性。在信息化教学资源建设过程中，增加国际性的内容或直接利用其原版内容并不等于国际化。只有当国际化的理念贯穿信息化教学资源建设与应用的全过程，才能真正实现信息化教学资源建设的国际化。其次，要注意信息化教学资源建设的固有性。只有当共享意识以潜意识的形态贯穿于所有人的相互交往过程，共享文化才能形成。再次，要注意信息化教学资源建设的过程性。共享、共建到共生、共知是一个量变到质变的过程，需要经过长时间的努力才能达到。最后，要注意信息化教学资源建设的文化性。我们可以通过 iTunes U、MySpace、Delicious 等了解国外学习者的思想、兴趣与文化，同样，我们的信息化教学资源建设也要能体现我们的素养与文化，要体现我国五千年的文化传承，要展示我国改革开放欣欣向荣的风貌。

第五节　信息化技术环境下的儿童体育教学课件

一、儿童体育教学课件应用的作用

（一）丰富儿童体育教学的课程呈现

儿童的好奇心一般十分强烈，对外界环境及相关新奇事物有较强的敏感性，在教学过程中较易分散精力，而体育教学中具体知识与运动技能的讲授需要学生高度注意，充分调动学习的积极性去观察、去感受、去模仿，儿童需要感知强烈的生动信息，达到明确的视觉冲击与听觉交互作用才能实现具体的教学目标，然而传统以教师示范与知识灌输的体育教学手段并不能较好地满足儿童体育知识与技能提升的要求。而将多媒体课件辅助教学手段运用于体育教学中，能够丰富体育教学的课程呈现，将示范通过具体的动画等展示在学生眼前，弥补了教师示范存在的误差缺陷，提高了体育教学的效率。

（二）推进儿童体育教学观念与理念的进一步更新

将信息化技术运用于儿童体育教学中，可以改变传统单一的体育课程授课方式，将理论与实践相结合，构建更为生动、形象的教学内容展示，营造良好的教学氛围，让儿童从根本上理解体育知识的具体原理，掌握清晰的技术操作要领，并从中真切体会到体育学习的乐趣。将现代化的信息化多媒体教学手段应用于课程教学中，同样也是新课程改革理念的要求，是强化儿童课堂主体地位与提升儿童综合素质的重要方式。信息化技术为儿童体育教学的改革及其教学观念的革新奠定了良好的技术基础。

（三）减轻儿童体育教师的工作强度，促进教师学习

将信息化技术应用于体育教学中，从侧面减轻了教师的工作强度，有效避免了教学资源的重复与浪费，同时也促进了师资队伍整体素质的提升。由于计算机辅助教学方式对教师的技术水平要求较高，在很大程度上推动了教师的深化学习的准备，强化了教师的自我学习能力，弥补了教师的技术缺陷，从整体上提高了教师教学主动性与学生对课程的参与度，创新了教学的内容，提升了体育教学的效率。

（四）推动了儿童体育教学体系革新的速率

进入 21 世纪，互联网技术趋于成熟和完善，其技术更新换代的速度也在迅速加快。对于体育教学而言，由于信息化技术辅助教学有较强的变动性与便捷性，课件调整的方式比较灵活，而国内外先进的体育技术与教学方法也在快速涌现，将多媒体辅助信息化技术应用于儿童体育教学中可以改变传统固守的一成不变的理论教学体系，加快知识更新的速率，让儿童最大限度地掌握最新的体育教学知识与内容，推动儿童体育教学

体系的革新。

二、儿童体育教学课件设计的基本原则

儿童体育学习效率的提高，不是在一个以教师为中心、固定不变的环境里获取的，而是当儿童对体育学习产生了浓厚的兴趣时，他们的学习效率才会有很大提高。尽管现在不少体育教师在学校条件允许的情况下，在多媒体教学中，把很多图片、声音、文字尽可能地展示给学生，以提高学生的学习兴趣，但是不少多媒体课件华而不实，转移了学生注意力，把学习的主要内容冲淡了，并没有显示出多媒体教学特有的巨大作用。所以在多媒体教学中，如何制作一个适合教学使用的好的多媒体课件，就成了多媒体课件教学手段的第一个环节，也是重要的一个环节。多媒体教学课件是利用多种媒体形式实现和支持计算机辅助教学的一种软件，其制作必须服务于教学，以改革教学手段和提高教学质量。制作出一份优秀的儿童体育多媒体教学课件，应该遵循以下基本原则。

（一）教育性原则

多媒体体育教学课件的设计，必须以教学大纲为依据，并根据教学目标与要求，充分发挥多媒体的信息化技术优势，利用图、文、声等多种形式来表现教学内容，要具有良好的交互性。课件应当为儿童创设一种高效的学习环境，以利于学生知识结构的构建和知识的拓宽。

（二）科学性原则

多媒体体育教学课件必须正确表达教学内容。教学目的明确，内容准确，表述规范，文本、图形、动画、音像、视频等各种媒体使用合理，搭配得当，层次分明，屏幕设计清晰高雅，色调搭配适中，生动活泼而又不失严肃，注意引导式启发，防止简单的书本搬家和呆板的说教，要充分利用信息化技术的交互特性，不失时机地穿插学与教的信息交流。在对概念的阐述、观点的论证、事实的说明、材料的组织上都必须符合科学逻辑，正确运用学科术语。

（三）艺术性原则

多媒体体育教学课件应给儿童以强烈的视觉和听觉的冲击，从而促进儿童的学习。该原则要求塑造出美观、和谐、富有表现力和感染力的人机交互界面，声音处理要与界面造型相辅相成，视听同步。

（四）交互性原则

在设计多媒体课件界面时，必须考虑课件所要呈现的教学内容及其特点、儿童特点等因素，课件界面简单明了，界面设计应通过任务提示及反馈信息来指导和方便儿童自行学习，导航按钮与菜单清晰一致，尽可能降低教师和儿童使用的复杂性。

（五）最佳组合原则

不同的媒体形式有不同的效果，没有任何一种媒体在所有的场合都是最优的，每种媒体都有各自擅长的特定范围。例如，文本善于表现概念和刻画细节、图形善于表达思想轮廓、视频具有强烈的视觉效果和震撼力。所以在媒体的形式上要视教学内容和具体情况而定，力争达到多种媒体形式的最优组合，从而实现教学效果最优化。

三、儿童体育教学课件制作的基本过程

（一）课件主题的选取

在儿童体育教学中应用多媒体辅助信息化技术，不仅需要将单纯的运动技术进行课件演示，其主题的选取同样也需要结合教学的实际情况，厘清重点与难点，以简化儿童的理解为出发点，将实际教学中较难示范的内容作为多媒体教学的重点内容，并围绕该项主题扩大多媒体教学的外延，进而形成综合系统的儿童体育多媒体课件辅助教学体系。

（二）课件的具体设计

儿童体育多媒体教学课件的具体设计大体可以将其分为两个部分，即系统整体设计与框架结构设计。系统整体设计主要是根据课程的主题选取与课程相关的课件教学目标与计划，策划出课程教学的总结构。而框架结构设计则是以整体设计为蓝图，分化课件的部分细节框架，将教学内容一一呈现。

（三）脚本内容的编制

脚本内容的编制是制作课件的关键内容。多媒体辅助信息化技术是具体教学策略的课件框架及画面显示，是通过教师配合多媒体设备操作，与儿童交互完成教学内容的教学方式。因此，教师必须将课程相关内容编制成有系统思维、顺序清晰、内容简明且深刻的多媒体脚本。

（四）课件的制作过程

儿童体育多媒体教学课件的制作需要从实际硬件环境出发，将先进的信息化技术应用于体育教学中，以实现其教学目标，达到教学的主要目的。这便要求教师在脚本制作完成后，还需整合教学内容，将动画技术与音频技术应用于课件制作中，创新脚本的表现形式。

（五）设计的关键思路

在设计儿童体育多媒体教学课件的过程中需要将教学理论与运动实践相结合。通常而言，在儿童体育教学中，一些基本动作要领的操作是教师通过实践讲解与示范不能明

确表现的。因此，将多媒体辅助信息化技术应用于教学中，将儿童的具体站位、跑动的弧线要求等方面的内容通过课件精确展示，可深化儿童对体育知识的把握，优化较为抽象的体育知识的教学。

（六）演示的主要框架

利用多媒体辅助信息化技术的主要目的是将相关体育知识通过直观的多媒体演示，让儿童了解到体育运动的主要技术与战术安排，将抽象的体育知识以生动形象的方式向儿童呈现。多媒体课件演示的主要功能包括课程各专题的概括说明，各主题知识的细节图片与音频呈现，主要以自动演示的方式，来实施课程内容各个部分之间的灵活转换。

四、儿童体育教学课件的框架结构

在整个儿童体育教学课件制作过程当中，有一个很重要的环节，即搭建课件框架。一个好的课件，一定是结构清晰、层次分明、具有清晰的导航、能够让使用者很方便地找到所需要的知识点和相关的媒体素材。那么，课件的框架结构应该是怎样的呢？

1. 片头动画(首页封面)

一般来说，课件首先是片头动画（首页封面，有些时候这两者是一体的）。一个精彩的片头动画（首页封面）能够迅速吸引使用者的眼球，让使用者产生浓厚的兴趣并继续学习下去。另外，片头动画（首页封面）也能够在一定程度上揭示该课件的内容范畴，因此片头动画（首页封面）是课件的宣传名片，做好了能够起到至关重要的作用。

2. 导航目录

片头动画（首页封面）之后最重要的一个部分是导航目录。从导航目录我们可以大致纵观整个课件的结构框架。导航目录最大的两个功能就是可以让使用者方便地点击跳转到相应的知识点，并提供给开发者一个可以遵循的制作依据。

3. 具体章节

具体章节是课件的主体内容所在，也是内容最多、制作量最大的部分。但是具体章节的制作过程中有很多重复性的工作，只要确定了其中一个知识点的表现形式和格式，其他的章节就可以按照该章节来设计制作。

4. 素材资源

素材资源是多媒体课件中类型最丰富、表现力最强的部分，分布在各个章节的内容里面。一般来说，单机版的课件不需要将素材独立出来，只需要插入相应的知识点即可，而网络版的课件则需要将素材做成素材库，按照一定的分类来进行整合。

五、儿童体育教学课件制作存在的问题

（一）体育教师缺乏必要的多媒体制作技能

目前，大多数一线教师没有经过系统的课件制作培训，不熟悉多媒体课件制作的规程、技术。开发制作多媒体课件，需要具备：①对教材、教法的准确把握和对教学对象、教学过程的深入理解；②相关的多媒体制作技术。用于多媒体制作的软件种类繁多，如Powerpoint、方正奥思及其他多媒体创作工具等。课件设计制作不仅需要熟练掌握多媒体制作软件的使用方法，还需要大量的设计制作时间。许多学校虽然针对教师的计算机技能进行了短期培训，但大多以普及为目的，很多体育教师在开发、制作课件方面的不足，成为儿童体育多媒体课件推广应用的制约因素。

（二）专业技术人员缺乏对体育学科教学、学习理论、教育学心理学理论的把握

制作多媒体课件的专业人员，往往吃不透儿童体育教材，不能很好地把握儿童体育学科的教学规律，只是按照教案设计制作课件，对教学内容的理解与儿童体育教师相比存在很大差距。制作者如果不深入教学实践当中，不认真研究教学大纲，钻研教材、教法，不去了解儿童的实际情况，即使有高超的多媒体制作技术，也难以开发制作出符合儿童体育教育规律和认知规律的实用课件。设计的课件往往追求华丽，缺乏对教学内容的深层体现，以致让人眼花缭乱，产生喧宾夺主的不良效果。

（三）多媒体课件性能及实用性欠佳

很多体育多媒体课件没有与儿童的学习实现交互功能，设计思路上只是一个教的剧本。一般是教师控制课件进程，儿童总是处于被动接受的状态，儿童在多媒体学习中的自主性差，整个教学局限于一个固定框架中，缺乏应有的活力和灵活性。课件判定儿童答案的正确与否只能通过课件编制者预先设定的标准来进行，对于一些灵活度大的问题，课件就无法对儿童的回答做出客观评价。对于出错的原因及出错后所采取的措施，也无法给出相应的解决方案，缺乏必要的容错和纠错能力。多媒体课件的传统制作过程并未考虑课件基于网络的问题，无法适应分布式教学、课件的点播、教学直播、网络课堂等功能的要求。

（四）多媒体课件设备与环境存在不足，管理评价不完善

很多学校由于经费欠缺，没有必要的多媒体硬件教学设备和相应平台、网络环境，师资教育技能偏低，没有形成多媒体课件制作团队。很多学校对课件制作、使用、维护及效果等诸多问题没有规范化标准，处于放任状态，效果评价标准、体系存在多样性及随意性。在课件制作的许多环节往往是凭经验，在缺乏充足的理论知识的情况下，一哄而上制作课件，与信息化多媒体辅助教学的初衷背道而驰，虽然做出来的课件可能很漂

亮，却达不到预期的教学效果。

六、解决儿童体育教学课件制作问题的对策

课件按规模可分为微型、小型、中型、大型。儿童体育教学信息化多媒体课件的开发制作有独立制作、委托开发制作、合作开发制作、部分定制、购买五种方式，制作多媒体课件要根据自身实际及所需课件规模选择适当的制作方式。成熟的课件开发制作团队一般有课程专家、有经验的学科教师、教育心理科研人员、软件设计人员，有时还需要美术音乐、摄影录像人员等。

（一）转变传统教学观念，提高对信息化多媒体课件的认识

随着教育教学改革的深入和信息化技术的广泛应用，课堂教学的概念和内涵发生了深刻变化。以信息化技术为载体的儿童体育教学新模式从根本上改变了传统的体育课堂教育的授课形式，使开放式的课堂教学观念日益扩展和深化。

信息化多媒体教学成为现代化体育教学发展的新趋势，这要求体育教师更新观念，扬弃以往的传统的课堂教育观念，以充分挖掘学习者的潜能，强化教学效果，提高教学质量，不断创新课堂教学模式。有些学校虽已建起信息化多媒体体育教学场景，却没有充分应用于辅助教学。多媒体课件应在信息化技术支撑的教学场景中正确表达体育的知识内容、反映教学过程和教学策略，具有友好的人机交互和诊断评价、反馈强化的功能。儿童体育课堂教学软件的开发和制作，需要在教学理论的指导下，做好教学设计、系统结构模型设计、导航策略设计和交互界面设计等工作，并在教学实践中反复使用、不断修改，才能使制作的多媒体教学软件符合教学规律，取得良好的教学效果。教师在制作多媒体课件时，应当根据教学内容的性质和特点来积极准备，做到化繁为简、化难为易、化抽象为具体。

儿童体育教学课件的制作不能局限于教材，成为教材的翻版，也不能片面追求外观，追求媒体形式的"全"，过于注重视觉形象和技术的高水平。要提高课堂教学质量，必须合理制作和运用多媒体课件。

（二）加强课件开发与制作相关人员的培训，提升制作水平

每位儿童体育教师都有自己的教学思想、教学方法，只有掌握了课件制作技术，才能制作出符合自己特点的课件。解决儿童体育教学课件制作问题的突破口是要加强教师课件制作技能培训，挖掘广大教师的潜力，培养他们独立制作的能力，使其能结合儿童体育教学恰当地选择、熟练地使用多媒体制作课件。教师则需要不断提升自身专业素养，这样才能保证制作出更加适合教学活动开展的课件。在开发制作过程中，开发制作者要能以软件工程化原则与方法为指导并切实付诸实施：把握好课件制作实用性原则、简便灵活性原则、科学严谨性原则、艺术享受性原则、开放共享性原则，体现课件制作的真正目的；把握好制作过程，选择多媒体课件制作工具、精心布局对象，处理好文本、图

形、图像、动画、视频和音频等媒体素材设计及其之间的动与静、图与文、无声与有声的关系，突显出课件的特色；精心调试，封装课件，以达到最优效果。

（三）组建高水平制作团队，强化相关开发人员的交流与协作

一个高质量的儿童体育多媒体教学课件离不开高水平的开发制作队伍。国内近年来也有不少适合广大体育教师使用的多媒体创作工具，这些创作工具都具有简单易学、符合中国人的思维习惯的特点，建议一线体育教师自学相关软件，逐步提高独立制作多媒体课件的能力。团队专业制作人员也要多与一线体育教师交流沟通，不断了解儿童体育教学与体育学习的规律经验，根据教学实际开发提高课件效能。

（四）结合信息化技术发展应用，提高多媒体课件的实用性

对课件的交互对象的设计要进行整体考虑，一般有直线式、分支式、循环式和混合式。常用的提高儿童体育教学课件的交互方式是使用按钮、超链接等，比较直观地表示用户将要进行的操作及目标。课件单一方式的交互不能满足各种教学功能的要求，只有综合运用各种交互方式才能实现信息化多媒体课件的强大而又灵活的交互性。随着网络、多媒体技术应用的普及，集中教学模式逐渐被基于网络的分布式教学模式所取代。儿童可根据自己的兴趣，通过信息化多媒体课件和教师的引导进行学习。儿童体育信息化多媒体课件的设计应力求突破集中式教学模式，充分利用校园网信息化场景，实现基于网络的分布式教学的要求。多媒体课件的设计要注意面向不同类型的使用者，增强通用性。课件设计者不应将精力过多地放在五颜六色的图片、活泼生动的动画上，而应着眼于激发儿童的学习兴趣，超越传统媒体的局限，变抽象为形象，化繁为简，更好地帮助儿童突破重点、难点，从而提高课堂效率，实现教学的最优化。

（五）完善儿童体育多媒体教学课件评价标准，发挥评价引导作用

儿童体育多媒体教学课件评价是以儿童体育教学目标为依据，制定科学的评价标准，运用一切有效的技术手段，对儿童体育教学活动的过程及多媒体课件使用效果进行测定、衡量，并给以价值判断。多媒体课件的有效评价能起到反馈调节、诊断指导、强化激励、教学提高、教学相长、目标导向等作用。

第二章 可融入信息化技术的
儿童体育教学模式

信息化技术的飞速发展，从根本上改变了教学组织和信息的传递方式，从而改变了学校体育教学的组织方式，为体育教学提供了新的运作空间，有能够满足体育教学论课程教学和学习需求的计算机、网络链接、多媒体教室、电子阅览室、闭路电视系统及必备的技术支持等。学生可以借助如 Net Meeting、ICQ、E-mail、Chat Room、BBS（bulletin board system，电子布告栏系统）等网络通信工具，实现相互之间的对话，进行协商学习和交流讨论，编制开发体育信息教学的网络综合平台。在此平台上，教师可以备课、授课、查找资料、出示习题、组织考试、对学生进行综合测评。学生可以预习、调用课件、查看复习题、查找资料、参加考试等。这些为学习者提供了自由探索和自主学习的场所，拓宽了学生接受体育知识的范围与途径，为一些新型体育教学模式的衍生和推广创造了条件。

第一节 引导—体验式体育教学模式

一、引导—体验式体育教学模式的含义及特征

（一）引导—体验式体育教学模式的含义

我国在积极进行儿童培养的过程中，转变了传统的教学理念，并对先进管理理论进行了应用。引导—体验式体育教学模式就是在这一基础上产生的，该教学模式具有较强的综合性，将启迪教育、实践教育和体验式教学进行了充分的结合，在教学中能够对学生进行有效的引导、激励，促使学生在学习中提升自主学习能力。

引导—体验式体育教学模式在应用过程中包含多种含义。首先，开放性的教师引导：教师在教学过程中，对教学内容进行精心的设计，并构建生动的教学情境，逐步引导并督促学生积极主动地参与到学习中来，对知识内容产生自己的体验，并在交流过程中，养成自主思考、团队合作的习惯；其次，探索性体验：引导—体验式体育教学模式在应用的过程中，课堂教学的主体彻底转换成学生，学生在教师的鼓励下，能够充分发挥自身的优势，自主展开实践，面对知识的学习不再等待教师的灌输，而是开始积极主动地探索，对于提升学生自主学习和解决问题的能力具有重要意义。

（二）引导—体验式体育教学模式的特征

1）侧重对学生学习兴趣的培养。在引导—体验式体育教学模式的应用中，教师通过精心的课堂设计，可以引导学生积极主动地进行知识的探索，并从中产生自己的体验。新鲜的课程设计基于学生轻松快乐的学习气氛，学生的学习积极性得以提升，并逐渐对知识产生浓厚的学习和探索兴趣。

2）侧重于对学生解决问题能力的培养。利用引导—体验式体育教学模式进行教学的过程中，在教师的引导下，学生将对知识进行逐步摸索、层层深入的掌握，有助于更加灵活地掌握知识应用的规律，在与同学及教师进行交流的过程中，还能够对自身的不足产生深刻的认知，并在接下来的学习过程中更加具有针对性，因此能够有效提升自身解决问题的能力。

3）有助于挖掘学生的个性特点。学生来自不同的生活环境，拥有不同的优势及个性，传统的教学模式以一种形式对学生进行教育，不利于学生将自身的优势进行充分的发挥。而引导—体验式体育教学模式在使用过程中，能够给予学生更多的空间思考和创新，有助于激发学生的想象力，促进学生的全面成长。

二、引导—体验式体育教学模式教学设计

（一）科学设计教学目标

在应用引导—体验式体育教学模式进行学校体育教学过程中，要想提升教学质量，必须建立在科学的教学目标基础之上。通过引导—体验式体育教学模式能够实现以下教学目标：①引导学生对基本动作技术进行充分掌握；②激发学生体育学习的兴趣；③提升学生适应各种环境的能力。

引导—体验式体育教学模式在应用过程中，能够为学生构建一个良好的平台，引导学生在积极利用该平台的过程中，产生浓厚的体育学习兴趣，并在练习中逐渐提高合作能力、独立解决问题的能力及思考能力，从而更好地适应社会环境。

（二）教学流程设计

第一步，利用游戏导入课程。课程开始时，利用游戏提升学生的学习兴趣，并在学生做游戏的过程中发现他们的兴趣所在，引导学生积极主动地参与到学习当中；第二步，明确学习内容，并构建挑战任务和活动，引导学生在完成任务过程中以小组的形式，通过互相帮助对体育活动技术展开练习；第三步，充分发挥教师的引导和监督作用，对学生的课堂参与度，以及对技能掌握程度进行综合评价，并适当地给予学生一定鼓励；第四步，组织学生展开学习反思，促使学生对自身的不足产生深刻的认识，并同其他同学展开经验交流，从而深入地对知识及技能进行掌握。

三、引导—体验式体育教学模式在儿童体育教学中的效果

（一）技能掌握程度分析

在引导—体验式体育教学模式下分析学生对相关体育知识技能的掌握程度过程中，应将立定跳远、50 米跑、身高和体重等项目作为重点考查的内容，组织 A、B 两组学生进行技术比赛，并将比赛结果进行量化评分，在获取平均值的过程中，对学生技能的掌握程度进行了解。在应用引导—体验式体育教学模式以后，笔者对两个实验小组在技评及达标两个方面进行了统计，结果显示此项指标中并没有产生明显的差别。而根据 P 值的差距可以看出，应用引导—体验式体育教学模式可以实现帮助学生掌握立定跳远相关技能的教学目标，而 A 组技评及达标的程度都较 B 组高，产生这种现象的主要原因是，在应用引导—体验式体育教学模式的过程中，更注重对学生参与程度、学习兴趣及思考和总结能力的培养，在从思想上对技能及知识产生深刻认知的过程中，相对的技能练习时间减少，因此同传统教学模式相比，掌握技术的能力相对较低。由此可见，在应用引导—体验式体育教学模式的过程中，可以将相关体育项目的基本技能传授给学生，从而提升学生的学习兴趣，使学生具备正确的认知及良好的心理素质。

（二）体育教学中儿童体育意识培养的绩效评估

教育主管部门与学校（幼儿园）及体育教师，按照某种标准对体育教学工作开展定量与定性的绩效评估工作，是助力儿童体育意识培养的重要模式之一。从知识层面来看，以儿童了解甚至喜欢的现代体育项目、传统体育项目、民俗体育项目和儿童体育项目的相关知识为主，如项目的数量、起源、运动方式、竞技规则、健康生活知识和技能，以及项目的著名人物或体育明星等，在拓展儿童知识面的基础上，为他们树立进步的榜样。对于其体育意识培养质量的考查，以儿童之间开展志趣相投的交流和兴趣共享活动为标准。只要他们能相互分享自己喜欢的项目、体育明星与快乐体验，就可以认为他们具有了基本体育意识。从技能层面来看，以儿童掌握的技能动作多少和技能熟练程度为考查标准，只要儿童能根据自己日常的活动、游戏与表演需要，结合自己的身体条件实际发挥出来，都可以从实践的层面认为儿童具备了基本的体育意识。

总之，儿童体育意识培养不仅直接关系儿童的身心成长，更对培养他们良好的体育习惯、学习习惯与生活习惯具有过程性生成作用。要追求儿童身体健康与体育意识的正向、同步发展，研发适应性教学内容、创新适应性教法，就必须把儿童体育兴趣、体育能力与体育意识的培养统一起来，使儿童在快乐体验、美的欣赏和创造中，培养终身体育意识、理性体育认知和掌握科学体育技能。

第二节 分组式体育教学模式

一、分组式体育教学模式的概念和内涵

所谓的分组式体育教学模式，是指在我国班级授课的教育国情下，充分利用现有的教学资源并且结合当代儿童的心理发展特点，按照一定的规律将儿童分成若干个学习小组，通过各式各样的活动形式，调动儿童学习的积极性和主动性，使儿童成为课堂的主体，从而使儿童综合素质得到全面提升的一种教学模式。从我国开展素质教育以来，分组式体育教学模式是一种发展得较为成熟并且能够与我国儿童教育现状相适应的教学方法。分组式体育教学模式并不仅是对班级学生开展分组教学的一个过程，同时也是一种更加高效的管理手段和组织形式，能够将不同儿童个体之间存在的个性差异准确地表现出来，将研究与探索及合作与竞争中的双重教学效果有机地结合起来，在课堂教学过程中能够较好地融合因材施教和分层教学这两种教学模式，分组式体育教学模式不但将分组教学和合作教学这两种方法的优点吸收了进来，同时更是对这两种教学方法的创新，这种教学方法强调的是学生的平等性、主体性、创造性及发展性，具有很强的可操作性。

二、儿童体育教学中分组式体育教学模式的应用对策

（一）创新儿童体育的教学目标

与传统的教学方法相比，分组式体育教学模式更能够体现出儿童在体育课堂上的主体地位，强调的是学生的主观能动性和平等性。在儿童体育教学过程中应用分组式体育教学模式时，应敢于创新儿童体育的教学目标，应改变传统的只要求儿童进行体育锻炼的教学目标，在新课程改革的指引下，建立三维式的课程目标。首先，在教授儿童科学知识的同时，教师应让儿童充分地认识到进行体育锻炼的重要性；其次，在儿童进行体育锻炼的过程中，应注重儿童之间的互动和交流，从而为他们营造一个舒适的体育锻炼的氛围；最后，在儿童体能素质得到提升的同时，在儿童面对困难和问题时，还应培养他们解决问题、克服困难的坚韧品格，帮助他们形成正确的体育运动价值观。

（二）明确分组式体育教学模式的理论依据

在儿童体育课堂的教学过程中，要想有效地应用分组式体育教学模式，首要解决的问题就是要通过不同的理论依据对学生进行不同形式的分组。通常情况下，应用分组式体育教学模式时是没有统一的依据标准的，同一个教学内容我们也可以有不同的分组依据，并开展各种各样的教学活动，而其重点工作就是要确保所采用的分组依据与实际的教学进度和教学环境相适应，这样才能最大限度地保证课堂教学的效果，而儿童的兴趣

爱好、性别、学习能力都是可以采用的分组依据。外部分组和内部分组是实际教学工作中最常见的分组形式，当然也可以更加详细地进行分组。例如，可以按照学生学习层次的差异分为 A、B、C 的等级模式，或是采取更加灵活的混合分组的形式。儿童体育教学与文化课的教学在方式和内容上都有一定的差异，因此，我们应大胆地创新分组方式的标准，在充分了解学生兴趣爱好、特长技能、身体素质及运动能力等内容的基础上，对学生进行一些体能层次分组或是兴趣专项分组，不同的小组应采取不同形式的训练内容，这样才能激发学生参与体育锻炼的兴趣，提高儿童体育课堂教学的有效性。

（三）应用分组式体育教学模式时，应进一步完善体育教学的结构

在按照不同的理论标准对儿童进行了合理的分组之后，要想保证每一组体育活动顺利开展，那么还应采取有针对性的体育教学结构方式。在体育课堂教学的过程中，我们也可以对不同的小组进行轮换教学，如在对篮球小组讲解"三步上篮"的技巧时，教师就可以让不同小组的儿童进行轮换练习，而教师则应在旁边进行监督和指导，发现儿童的动作不规范或是错误，应对其细心指导以帮助其改正问题。当然根据不同的训练项目，也可以采取分组不轮换的方式，教师应根据每一个小组的不同特点，将课堂的教学内容进行合理的分配，如篮球小组和武术小组的儿童就可以进行并列的学习和练习，从而保证学习状态的稳定性。要想最大限度地保证儿童参与体育锻炼的主动性和积极性，保证儿童体育课堂的教学效果，教师就必须不断完善体育教学的结构和环节，从而培养儿童的体育综合素质。

三、儿童体育教学中分组式体育教学模式的应用优势

在儿童体育教学过程中应用分组式体育教学模式时，不同教师的教学风格对于所取得的教学效果也会产生重要影响，所以，并不是只要应用了分组式体育教学模式，就一定能够大幅度提升儿童体育的教学效果。然而与传统的教学方法相比，在儿童体育课堂上应用分组式体育教学模式时，在保证课堂教学效果方面确实有其独特优势，具体内容如下。

（一）能够最大化地保证儿童参与体育锻炼的时间和效果

儿童文化课程的任务虽不繁重，但是在传统应试教育的背景下，儿童也会有一定的学习压力，而由于体育学科的独特特点，使其成为儿童释放学习压力及参与体育锻炼的最主要场所。所以，教师在为儿童制定体育课的教学内容时，应对他们进行适当的体能锻炼，同时使他们在精神上得到放松。面对儿童体育课课时较少的问题，分组式体育教学模式便是一种行之有效的解决方法。在体育课堂上，采用分组式体育教学模式能够根据学生的特长技能和兴趣爱好对他们进行专项分组，提高他们参与体能锻炼的积极性和主动性，让他们真正享受到运动的乐趣。另外，采用这种教学模式，教师可以对儿童进行专项指导，大大节省了体育课堂的教学实践，为儿童营造了一个舒适良好的课堂氛围，从而充分保证了儿童参与体育锻炼的时间和效果。

（二）能够提高师生之间及儿童之间的交流和互动的效果，从而提高儿童的思想水平

分组式体育教学模式与传统的各自为战的教学模式差异极大，其能够最大化地利用现有的教学资源，同时更加注重师生之间及儿童之间的交流和互动，最大限度地提升儿童进行体育学习的积极性和主动性。萧伯纳曾经说过："你有一个苹果，我有一个苹果，我们彼此交换，每人还是一个苹果；而你有一种思想，我有一种思想，我们彼此交换，每人就有两种思想了。"分组式体育教学模式正是这一理念的直接体现，其能够让儿童积极参与体育锻炼，在学习的过程中提高团结协作的能力，挖掘在思想上的学习潜能，拓宽视野，同时也能够较好提升思想水平，从而保证新课程改革标准下儿童体育课程提高学生综合体育素质这一教学目标的顺利完成。

第三节 探究式体育教学模式

一、探究式体育教学模式蕴含的价值及实施要义

人类与生俱来具有探究的本能，探究既是一种学习方式，更是一种学习过程，问题性、实践性、参与性和开放性是探究学习的本质特征。它的核心和实质是培养儿童的自主探究学习意识，充分发挥儿童的自我学习潜能，让学生发现问题、提出问题、分析问题和解决问题，强调给儿童一个开放的、自由的学习空间，促进儿童能力的全面发展。通过教师指导下的探究式体育教学模式，儿童可以获得多方面的收获，对于提高他们的学习质量、生活质量、工作质量都是至关重要的。随着新课程改革的不断推进，探究式体育教学模式受到了人们的高度关注。探究式体育教学模式就是在教师的启发和诱导下，让儿童自主学习、主动探究，积极地参与到教学过程中来，让儿童学会提出问题、研究问题、解决问题，让探究走进学生的学习生活。作为一种全新的学习方式，让儿童主动参与，乐于探究，勤于动脑。探究式体育教学模式突破了被动接受、机械训练、简单重复的传统学习方式，是对传统教学方式的一种变革，这更是新时期培养具有信息搜集处理能力、新知识新技能获取能力、分析和解决能力及交流合作能力创新人才的应然要求。体育探究教学，作为一种新兴的、带有强烈人文主义特征的教学方法，主张教学过程应构建一种能调动学生积极性、主动性、创新性的学习氛围，儿童的学习是探究性的、构建性的，而不仅仅是完成规定的任务，注重学生实践能力和创新精神的培养的探究式体育教学模式，能切实改变传统的课堂教学现状，从而给课堂教学带来新的活力，探究式体育教学模式对全面实施素质教育、深化体育教学改革有着积极的意义。

二、探究式体育教学模式在儿童体育教学中的运用策略

（一）以生活化体育提升学生的探究能力

人类知识来源于生活，体育课程的知识和技能习得也是如此。体育探究教学是指教

师不直接把构成教学目标的有关概念和认识策略直接告诉学生，而是创造一种智力和社会交往环境，让学生通过探究发现有利于开展这种探索的学科内容要素和认知策略。在体育课堂教学中，体育教师应积极引入探究式体育教学模式策略，创建一定的问题情境，调动学生原有的知识经验，诱发学生的探究动机，主动积极地引领、帮助和促进学生进行探究性学习。在儿童体育教学中，教师可根据教学内容设置问题情境，引发学生积极地进行思考与联想，调动学生的学习积极性和主动性，激发学生的学习热情与学习潜能，培养学生的探究能力。如在进行儿童立定跳远的学习时，体育教师不应直接把构成立定跳远教学目标的认识策略与完成路径告诉学生，而应提前引领学生想象、观察青蛙的具体跳跃过程和动作表现，让学生在头脑中想象、描摹出青蛙的跳跃动作，营造出"青蛙跳荷叶"的情境，让学生在情境下进行立定跳远的练习，将生活之水引入课堂，联系生活创设情境，以生活化体育促进学生的探究能力提升，全力拓展儿童的思维能力、创造能力与实践能力。

（二）合理优化教学方法，培植学生体育学习兴趣

兴趣是最好的导师。在儿童体育课堂教学中，学生应通过创造性、体验性学习，发展和强化体育学习兴趣，并逐渐将兴趣转化为相对稳定的学习动机。在平时的儿童体育课堂教学中，体育教师科学地进行教学设计，优化教学手段，可以改变单一枯燥的练习形式，提高学生的学习兴趣，在生动活泼的教学情境中，促进动作技术的形成和身体素质的提高。学生是学习的主体，是学习的主人，需要实现自主学习的动力和源泉。儿童体育课堂教学中学生主体作用的发挥和主体能力的提高，都是通过学生参与的主体活动得以实现的。新课程标准强调尊重和发展学生的主体意识和主动精神，要求儿童体育教学要改变传统的体育知识技能的灌输传授，合理优化教学方法，转向学生自主学习、自主锻炼，突显学生的想象力和创造力的培养。通过探究式体育教学模式路径与方法，有效培植学生创新能力与探索精神。例如，体育教师可积极引导学生自己设计多种跳绳教学内容与练习方法，学生用绳子进行双人拔河比赛，用绳子做挥臂鞭打练习，用绳子组合拼图进行体育游戏练习，把绳子等距离放在地上进行高抬腿跑、单足跳、双足跳，把打结的绳子进行空中相互抛接练习，发明多种原地、行进间的单人、双人及多人跳绳方法，创编生动诱人的绳操等形式多样、合理有效、富有创造元素的跳绳练习形式，一根小跳绳把学生引进了自我创造的大天地，使学生在获得快乐的情感体验的同时，有效培养了勇于探求、合作参与、积极创新的良好学习习惯和创新品质，提升了学生求异思维、发散思维和创造性思维能力，创造了良好的学习情境，从而使学生思维更加活跃，学习热情更加高涨，有效促进其自身身体素质的提升。

（三）化抽象为具体，借助直观手段创设课堂情境

学生的自主探究活动是课程设计的重要组成部分。体育教学过程是一种特殊的认知活动，是在教师有目的、有计划、有组织地引导下，学生自觉主动学习的过程。在这个过程中，教师只是扮演了一个引导学生自主学习的角色，让学生成为真正意义上学习的

主人，发挥学生主动探究主体作用，才是体育教师教学责任担当的体现。教学实践证明，精心创设各种教学情境，能够激发学生的学习动机和好奇心，培养学生的求知欲望，调动学生学习的积极性和主动性，引导学生形成良好的意识倾向，促使学生主动地参与。因此，体育教师在平时的教学情境设计时，要尽可能地贴近教学内容，教学手段的实施应尽可能和学生的日常生活紧密联系起来，方能获得良好的教学效果。在儿童体育课堂教学中，很多体育概念是很难让儿童理解的，如"前滚翻"，也许对于我们来讲是个耳熟能详的体育运动，但是对于初次接触这项体育运动的儿童来讲便非常抽象。因此，在进行前滚翻的教学中，体育教师可以让学生先对圆球和方块的滚动加以比较观察，让他们仔细地看一看哪一个滚得快，进而引发学生联想和感悟出圆形的物体最容易滚动的道理，进而体会到人体在进行前滚翻运动时，身体团得越圆就越容易滚动，运用新颖的教学手段激活学生的思维，借助直观手段变抽象为具体，让学生有一个明确的目标指向，在头脑中存储动作技巧的表象，展开丰富的联想和想象，使学生在想练结合中提高学习效率、课堂教学效果和思维品质，拓宽学生的思考能力，有效培植儿童的问题意识和学习品质。

（四）采用演绎性推理法创设课堂情境

演绎性推理即练习实物并找到其运动过程与其他已知事物的共同点，如在学习投掷的时候，就可以让儿童联系平时常玩的沙包和纸飞机，从其中找到与投掷的共同点，从而对课程内容中的投掷做出深刻的理解。在投掷轻器械（垒球）的教学中，针对"怎样能把轻物体投得更远？"这一问题，教师引导学生带着疑问和强烈的求知欲望进行尝试性练习，让学生在练习中投掷各种轻器械，如不同体积的海绵块和不同重量的沙包、飞盘、羽毛球、乒乓球、垒球、纸飞机等。练习结束后，教师鼓励学生交流沟通，畅谈心得感受。学生比较容易得出结论：物体的外形、重量，投掷的出手角度，器械的出手快慢，原地与助跑的不同都会影响投掷的距离，从而得出投掷动作的技术要领，激发学习兴趣，调动学生主动求知的欲望，充分发挥学生的想象力和创造力。以问题为探究导向，培养学生逻辑思维能力，有效地拓展学生思维完整性和主动探究的精神。

探究式体育教学模式坚持以学生发展为根本，以给学生创造个性主张和发展空间为基点，着力于学习过程中学生创新精神的培养和实践能力的提高。探究式体育教学模式对改变广大教师教学理念、教学行为和学生学习方式起到了重要的支持作用。广大体育教师应在儿童体育课堂教学中，积极进行探究式体育教学模式，让学生成为课堂中的主体，以问题为思维中心，有效激发学生学习兴趣和研究性学习的动机，为提高学生创造性思维与探究能力夯实基础。

三、探究式体育教学模式的应用价值

（一）发挥学生的主体地位

传统体育教学模式都是由教师讲解、示范，学生则被动地学习和模仿。这种教学模式导致学生主动参与学习的程度较低，很少独立思考问题和解决问题。有学者在调研过程中发现当前我国初中体育教学过程中，学生主体意识不强，参与积极性不高，认为是教师要求其学习，并非自己主动学习。探究式体育教学模式的引入，能够改变当前的教学主体定位，突出学生的主体作用，帮助学生通过自主或者合作的方式进行探究，从而在发现问题、分析问题和解决问题的过程中锻炼自己的实践技能。这样可以显著增加学生学习和交流的机会，实现从"要我学习"到"我要学习"的态度转变。

（二）提升学生创新性思维能力

万茹和莫磊（2008）提出探究式教学的核心在于培养学生的独立探究能力，更好地促进和发展学生的创新性思维。在探究式教学过程中，教学方法不再是单一地讲授和模仿，而是更多样性、灵活性和开放性的。王林（2003）也从探究式教学方法对学生创新性思维培养的角度进行分析，她提出探究式教学不是要学生学会一两个具体的动作，而是通过创设灵活性的教学场景，让学生在更大的自我发展和自我探究空间内独立解决困难。学生始终处于积极思考和探索的状态，通过失败的教训和成功的喜悦，让学生真正了解如何在实践过程中发现问题和解决问题，使自身思维能力和创新能力得到锻炼和提升。

（三）激发学生参与体育学习的积极性

陈韬（2007）提出探究式教学改变了传统体育教学模式，从单一化、机械化教学向多样化、探索性教学模式转变。体育教师在教学过程中不再像宣读教科书一般，按部就班地将每一个动作要领和动作技巧灌输给学生，而是改变传统全盘托出的方式，在教学过程中设置更多的探究性问题，让学生在学习和训练过程中积极思考，主动寻求问题的最佳解决方法。学生不仅可以向教师和同学寻求帮助，还可以通过互联网、书籍等多种渠道进行探究，既激发了在体育课堂中的参与积极性，同时也提升了课下主动探究、学习的积极性。

第四节　小组合作式体育教学模式

一、小组合作式体育教学模式的内涵

合作学习的理论基础是建构主义思想的实践模式，当小组呈现初始问题后，学生首先会激活头脑中与此问题相关的已有知识，并根据已有知识、一般的观念和逻辑思考来建构解释这个问题的"理论"。当一个成员调动起自己已有知识的时候，这些知识可能会激活另一位成员在曾经看来不可能的知识。一旦集体的知识被激活，学习者就会开始详细解释他们知道什么，并尝试建立起他们的知识与问题中所描述的现象之间的桥梁。因此，在小组合作式体育教学模式中，教师提出问题，小组成员通过讨论，利用已学过的知识来解释问题，形成已有知识的第一次重建，并在此基础上形成新的知识结构。由于小组成员掌握知识的不同或者思考的侧重点不同，理论的建构就变成了合作的结果。从知识观来看，合作学习强调学生在团队合作的过程中，通过对真实情境中的问题或项目进行积极的探究，实现对知识的主动建构；从学生观来看，合作学习主张以学生为中心，以使学生实现自主学习为目标；从教师观来看，合作学习反对传统的传授式或命令式教学，而倡导教师对学生的学习过程实施积极的指导与促进作用。

二、小组合作式体育教学模式在体育隐性课程中的价值

体育隐性课程是指在学校范围内，按照教育目的和学校体育目标，以间接的、内隐的方式呈现的，经过规范设计的体育文化要素的总和。体育隐性课程主要是让学生获得关于体育态度、价值和规范等非理性文化。小组合作式体育教学模式是把学生分成若干学习小组，在教师指导下进行的教师与学生之间、同组学生与学生之间、小团体与小团体之间通过互动、相互切磋与观摩来提高教学效率的一种教学模式。小组合作式体育教学模式把学生作为学习的主体，以促进自主地、协同地学习为目的。小组合作式体育教学模式能有效改善师生关系，提高学生合作和竞争能力，促进学生非智力因素的发展。因此，这种教学模式对于顺应学校体育教育改革发展趋势、发挥体育隐性课程功能有着较大的作用。通过探讨小组合作式体育教学模式的内涵，分析这种教学模式在实现体育隐性课程功能中发挥的作用，最后提出在体育隐性课程中的运用小组合作式体育教学模式的具体策略。

体育隐性课程培养包括意志、动机、兴趣、性格、情感等非智力因素，主要是让学生获得关于体育价值、态度和规范等非理性文化。小组合作式体育教学模式把学生作为学习的主体，充分考虑学生的心理、意志、情感活动在教学活动中的作用。所以，这种教学模式契合了体育隐性课程着重培养非智力因素的特点，是完成体育隐形课程目标的一种很好的教学模式。在教学活动中，小组合作式体育教学模式主要通过以下几点来加强非智力因素的培养。

（一）通过良好的师生关系提高学生的学习兴趣

兴趣是体育学习的动力，平等和谐的师生关系有助于提高学生的体育学习兴趣。在小组合作式体育教学模式中，教师应尊重学生、信任学生，不以权威定位，彼此平等对待。在此学习氛围中，学生感受到教师的关爱时会积极地给予情感回报，反过来更真挚地热爱教师。根据情感迁移现象原理，学生对教师的这种热爱会传达到他所教的学科，对他所教的内容产生兴趣。正所谓"亲其师，而信其道"。

（二）通过合作与竞争激发学生非智力因素的发展

有效的合作学习中，小组成员之间积极地互相依赖，每个人都要对小组成员负责，小组成员通过讨论、鼓励、辩论等手段互相合作地解决教师提出的问题，并有效地从事更高层次的认知活动。为使小组学习能顺利进展，有效的社会交往技巧是必不可少的，

这些技巧包括：彼此认识并相互信任，相互接纳并相互支持，真诚有效地沟通、能合理地解决冲突等。小组成员通过合作发展了社会交往能力。

学生的非智力因素发展处于半成熟半幼稚的过程，这个阶段的学生具有近景性、直接性的学习动机，这就使他们具有好胜心强、喜欢竞争的性格特点。在小组合作式体育教学模式中，教师应抓住时机，创设出各种的竞争情境，充分激发学生的积极性，让学生主动思考，积极参与，从而促进学生动机、兴趣、情感、意志、性格等非智力因素的发展。

（三）促进学生个性和思想品质的发展

在小组合作式体育教学模式中，体育教师的工作作风是民主的，教学内容和方法是根据学生特点选择的，由教师耐心细致地启发诱导学生进行自主学习。在这种作风下，学生自信心强、学习兴趣高、责任感强，成员团结互助，自觉遵守纪律，学生个性得以健康发展。在小组合作式体育教学模式中，教师和学生共同营造的良好体育课堂气氛可以形成一种较强的教育力量，促进学生个性和思想品质的发展。良好气氛中的教学集体，其凝聚力强，成员有良好一致的目标整合、舆论标准、自觉纪律和情感体验，教师和学生明确地理解和接受集体的基本目的与任务，教学集体每个成员都自觉并积极地适应和遵从自身所扮演的角色规范要求，师生处于平等地位，交往得以加强，心理产生共鸣，行为出现共振，师生情感融洽，智力因素和非智力因素的活动处于最和谐的状态。小组合作的课堂气氛满足了学生不同层次的心理需要，在体育学习中体验到快乐和归属感，产生求知的乐趣，唤起并发展思想品质，强化道德力量，在奋发向上的氛围中学会动作、形成人格的完善建构。另外，优秀体育教师是学生学习的榜样，他们的道德品质、思想意识、兴趣爱好、能力、言谈举止等都对学生有直接的模范作用，对学生个性和思想品德的形成与发展起着潜移默化的积极影响。

三、合作学习的基本要素

（一）独立思考是合作学习的基础

缺少了独立思考的合作学习是肤浅的，容易使学生人云亦云、盲目随从，从而使合作学习的实效性大打折扣。因此，引导学生有深度地独立思考和探究是进行合作学习的基础，更是学生自主学习、合作学习和探究学习方式的核心。

（二）合作技能是合作学习的重要内容

合作学习过程中的时间不够、讨论时的噪乱和无效等现象，大多是因为学生未能形成基本的合作技能。因此在合作学习中，教师应通过讲解、动作示范、专项训练等方式将合作技能的培养作为一项重要的教学目标加以落实。

（三）共同成果是合作学习的落脚点

一般说来，小组合作学习应形成共同成果，并融入每个成员的付出，得到每个成员的认可。教师的评价应逐步地由鼓励个人竞争向小组合作的共同成果升华，用小组的总体成绩作为奖励和认可的依据，引导小组每一名成员形成积极进取的精神和荣辱与共的意识。

（四）教师是合作学习的一分子

教师应真正发挥自己在合作学习中的作用，以合作者的身份参与小组学习，使学生明确合作任务，引导学生积极思考。

（五）组织管理是合作学习的保障

能否真正发挥合作学习的作用、体现合作学习的真正价值，合作学习过程中的组织管理和策略尤为重要。组建"同组异质，组间同质"的合作学习小组，根据合作任务的大小、难度等确定合作的时间，提高学生的合作效率。

四、依据要素需求，合理构建小组

（一）捆绑式分组

为了更好地提高体育教学的效率，教师可以将体育成绩两极分化对称的学生分到一个合作小组，让学生之间进行优劣互补的体育学习。而要进一步提升捆绑式体育合作小组的教学效果，教师还可以小组成员同进退的考核制度来加强教学管理。在这种强制性的制度下，学生的互助合作意识会得到进一步强化。当然，这种小组合作学习的方式也存在一定的弊端。因为捆绑式的分组和同进退的考核制度，非常容易造成学生对于某一个或者某一些成员的不满情绪。如果不及时对这一情绪进行有效的疏导，除了会造成小组凝聚力削弱的问题，还会造成学生之间的团结力下降，严重的甚至威胁到整个班级关系的内在和谐。此时，就需要教师给予正确疏导，及时发现小组内部存在的问题。另外，在进行分组前，教师应当做好每一个学生性格特点的调查工作，只有对学生有了充分的了解，教师才能对教材的章节进行具体的分配和安排。另外，建立在充分准备基础上的小组分配，还能够有效地避免固定套用的弊端。例如，在学习篮球运动这一章节的内容时，教师可以先将理论知识教授给学生，并给学生做出相关动作的规定示范，然后让每一位学生进行必要的训练。教师在观察学生具体的掌握情况后，再对学生进行捆绑式分组，让掌握程度较好的学生带领掌握较差的学生进行篮球规定动作的训练。捆绑式小组学习的方式，不仅能够减轻教师的教学负担，还能够给予学生更多的机会参与到篮球的实践训练中。

（二）异性组合分组

初中生开始进入青春期，在这一段时间内，不论男生还是女生，都会对异性产生一定的好奇心理。为了避免男女生之间产生尴尬，也为了防止小组成员频繁接触而产生好感导致早恋，教师可以根据组内的男女生比例进行相关的分组。另外，教师利用初中生对于异性的心理状态对小组内的男女进行适当的搭配，对于提升学生参与体育运动的热情，以及保持他们参与的持久兴趣来说具有非常重要的意义。例如，在学习瑜伽和街舞这一章节时，教师就可以利用异性组合的方式进行分组，既能够避免男生在瑜伽学习和女生在街舞学习上的尴尬，又能够以女生在身体柔软度上的优势，以及男生在体能上的优势帮助组内的成员进行学习。当然，在使用异性组合方式进行分组的体育内容学习时，教师需要对家长进行走访，并要对学生自身的心理状况进行必要的调查，同时还应当建立与学生之间牢固信任的关系，从而避免学生之间的早恋现象。由此可见，小组分配前对学生状况的了解非常重要。

（三）自主式分组

自主式分组为学生提供了很多自由空间，教师的任务是只需要告诉学生一个小组所特定的人数即可。这种形式无疑会给学生带来巨大的自主选择性，小组内的学生完全自愿，这对于提高小组的凝聚力具有非常重要的帮助，而且小组内每一成员的意见都能被重视起来，这对小组整体意见的顺利通过有着重要的作用。例如，在学习排球运动这一章节时，自主性的组队能够帮助小组之间形成良好的互动，而这种互动性对于需要小组之间团结才能完成的排球训练和比赛来讲，无疑是非常关键的。但是，这种分组形式也存在一定的弊端，因为在这种分组之下，很可能会造成对某一些学生的孤立，这对于他们来说将是一个比较大的打击。为了避免这种情况的发生，教师在分组前可以先对学生进行一段时间的观察，在这种准备工作的基础之上，再由教师指导进行小组设置。这个小组的存在实质上是为学生提供一个模板，对于帮助学生形成合理的小组来说具有非常重要的意义。除此之外，教师还可以采取书面的形式进行小组分配，这也是避免学生之间产生尴尬局面的有效手段。

五、体育隐性课程中运用小组合作式体育教学模式的具体策略

（一）坚持合理的分组原则

在教学实践中运用小组合作式教学时，要根据教学目标、教材特点，对学生进行实际合理的分组。合理的分组是小组合作式教学取得成功的前提条件。分组原则为异组同质，即教师把性别、性格、运动技能、兴趣爱好不同的学生分为一组，扩大组内差别，做到"组内异质，组间同质"。这种分组方式让学生互相帮助，使其学会与不同类型的人合作、培养合作精神。每个小组6～8人，人数太少不利于集体项目的学习，如篮球、排球等。另外，人数太少也会造成组内角色不好分工，难以形成良好的讨论、合作氛围。

人数太多，则会让一部分学生没有机会参与小组活动。合作小组的组长是小组体育学习活动的组织者，一般应选择认真负责、组织能力强、运动技能好、群众基础好的体育骨干担任，也可以通过小组成员选举和竞聘的方式产生。

（二）创设良好的合作学习情境

小组合作教学中首先要合理组建学习小组，教师要指导小组成员通过自我介绍认识彼此，制定基本的活动准则，营造适合合作学习的氛围。部分学生具有好胜心强、喜欢竞争的性格特点，因此在小组合作教学中教师应抓住时机，创设出各种竞争情境，充分调动学生思维的主动性。通过师生的努力，创设一种互尊互爱、好学深思、奋发向上的环境，使学生乐于开展深入的讨论，交流心得体会，也敢于发表不同见解。另外，在物质文化方面应创造适合合作学习的环境。首先，体育场地、设施、器材的应用要安全、可靠；体育场（馆）内的色彩不可过于强烈和鲜艳，温度和湿度要适合运动，没有噪声干扰，体育活动空间卫生状况良好。其次，体育场地、设施、器材要符合学生的年龄特点；保证在数量上能满足活动的要求。最后，科学、合理地布置体育器材能提高学习兴趣，对体育学习心理有良好的促进作用。因此，改善体育场馆、设施、器材的条件，有利于提高小组合作学习的教学效果。

（三）充分发挥教师的积极作用

合作教学的教学目标是引导学生探索、参与讨论，充分发挥学习的自主性，激发学习兴趣，重视培养学习动机，承认学生个体差异，重视学生个性发展，强化综合体育能力。为了实现小组合作学习的教学目标，教师要善于创设问题的情境，科学、合理地设计合作学习任务。因此，在体育隐性课程中实施小组合作式体育教学模式对教师提出了更高的要求，教师角色将发生实质性的转变，即要从传统教学中教师是传授知识者，转变为指导学生自己获得知识的组织者、引导者和参与者。一个胜任的指导者应具备学科能力和指导技能两种基本技能。在有效地实施合作学习过程中，教师要更少地直接教学，更多地进行指导和促进。为了更好地完成合作教学的目标，教师在课前要充分了解教材是否适合合作教学，了解学生的学习特点和个性，合理设计合作教学方案，科学组织教学教法。在合作学习和练习的过程中，教师要观察是否所有学生都进入了合作学习的角色，小组成员是否围绕教学目标进行活动，小组成员是否能处理有效的争论，互相理解、合作地处理问题。当小组讨论出现困难、意外、混乱局面时，教师能及时介入进行指导、诊断与处理问题。

（四）制定合理的评价机制

小组合作学习结束后，教师应对小组合作过程和效果进行及时的总结和评价，小组合作教学是对小组全面而客观的评价，尤其是把学习过程评价渗透到教学过程中。既要评价组间的竞争又要评价组内的合作，既要评价小组活动的优点又要评价小组活动的缺点，既要对小组总评价又要对小组成员进行个体评价，既要评价学习的结果又要评价学习过程，既要评价体能提高又要评价非智力能力的发展。总之，小组合作教学独特的评价方式有利于督促学生不仅注重体育基础知识和技能的掌握，也注重非智力因素的培养。

六、学生小组合作意识的培养

（一）强化主体意识的能动性

在实施教学的过程中，应注意充分调配学生的能动性，因为人的主体性首先是指作为活动主体的能动性。另外，对学生要进行全方位的观察和分析，对学生内在潜力与闪光点要善于发现，为了保证学生的思维能够充分且自由地发挥，要着重给学生创造一个自主发展的空间和良好的学习环境，用丰富多彩的集体活动来对学生的主体意识进行填充，如对学习的内容和形式进行探索和创新，创设恰当的合作学习情境。每个学生都是不一样的个体，要尊重学生的素质结构和发展程度上的差异，这是对学生和对社会发展及未来对人才素质的特殊要求的尊重，只有这样，学生才能实现自我发展与价值。

（二）重视态度情感意识的驱动性

现如今，学校在进行教育的过程中非常注重情感教育，它是促进人奋发图强的催化剂，是协调平衡个人精神状态的调节剂，是推动个人走向成功、端正学习态度的最大动力。因此，可以说，情感教育态度是体育和健康教学过程中的一项重要评价内容，教育机构应该将情感态度与知识传授放在同样重要的地位，这是提升学生合作意识和团队精神的重要手段。作为教育工作者，在整个教学过程中，应该能够体现真、善、美的态度，并将这些美好的情感因素作为教学内容和目标，让学生在学习中体验到乐趣。

（三）关注参与意识的积极性

教学是教师与学生之间进行等价的信息与知识的交换，教师将知识传授给学生，学生将疑问反馈给教师，这是一种认识交换，是师生之间的人际来往。如果没有教师的传授，就无法体现教学的本质；没有学生的参与，就不能体现教学的意义。新课程标准已经将运动参与作为学习的一项重要内容，通过这些年新课程标准的实施，运动参与已经逐渐融入各个学习领域，其作用不可小觑。首先，运动参与体现了对合作学习活动的一种身体行为和认知态度，特别强调注重习惯、兴趣和意识的形成。其次，采用科学的方法进行健康和体育活动，注重理性参与。所以说在教学中，教师不应该只注重外在形式，还要针对学生的融入进行重点掌握，让学生在学习中积极主动地参与学习，并带动周围人加入其中，从而逐步培养学生的团队协作精神和合作意识。

第三章　信息化技术与儿童体育教学的整合

第一节　信息化技术与儿童体育教学的课程整合

随着信息化技术的飞速发展，人类已经步入信息化社会。教育部原部长陈至立在信息技术圆桌会议上曾指出："信息技术日新月异的高速发展必将引起教育的深刻变革……但是，目前多媒体技术和网络技术已经使教育思想、观念、模式、方法、手段等发生了巨大变化……现代信息技术将带来一场教育革命。"所以，信息化技术与课程整合是我国面向 21 世纪教育教学改革的新视点，是与传统的学科教学有着密切联系，同时又具有相对独立性的新型教学方式。研究信息化技术与体育课程整合对我国体育教育事业的发展具有重大的现实意义。

一、信息化技术与课程整合的含义

什么是信息化技术与课程整合？国内许多学者对这一概念做了精确的定义。信息化技术即多媒体、网络等的综合应用，把原来静态、单一的课堂变得生动、活泼起来，它激活了教师的教与学生的学。信息化技术与体育课程整合就是把信息化技术作为探究性学习的认知工具、实验工具和展示工具，有机地融合到体育教学过程中。它绝不是信息化技术与课程的简单相加，而是要以课程为出发点，让信息化技术服务于课程。其本质是在先进的教育思想、理论的指导下，尤其是在"主导—主体"教育理论的指导下，把多媒体、网络等信息化技术作为促进学生自主探究学习的认知、情感激励、创设教学环境的工具，并有机地运用到体育教学过程中，使各种教学资源、教学要素和教学环节经过整理、组合，在整体优化的基础上产生聚集效应，从而促进传统教学方式的根本变革，达到培养学生创新精神与实践能力的目标。

体育课程是学校的一门基础课程，就传统体育课程来说，教学方法单一、教学手段落后、教学观念陈旧、教学模式僵化。信息化技术的广泛应用与飞速发展，为我们改革传统体育教学方法和教学手段带来了新的契机，为学生综合运用所学知识技能提供了新的平台与途径。信息化技术与体育课程整合要求立足体育课程，信息化技术服务于体育课程，使体育课程中的教学环境发生变化，并逐渐改变课程中的学生与教师，强调信息化技术在哪些地方能增强体育学习的效果，能使学生完成那些用其他方法做不到的动作或者能让学生掌握用其他方法难以学到的一些重要技能，以便更好地实现既定的课程教学目标。

因此，在体育教学过程中，体育教师要充分利用信息化技术中的图形、图像、动画、音频、视频等功能给学生提供一种全新的、身临其境的体育教学情境，这种新情境符合学生的多种要求，采用学生易于接受的方式，通过多媒体展示优秀运动员的标准理想动作，使学生建立正确的技术概念，感知动作在不同时空的具体位置，激发学生的形象思维，提高学生体育学习的兴趣，调动学生的主观能动性。加之教师的指导，加快学生掌握动作的进程，提高学习效率，对提高体育课堂教学质量、教学效果起到事半功倍的作用。

二、信息化技术与课程整合的解析

信息化技术是指对信息进行采集、加工、存储、交流、应用的手段和方法的体系。这里的"手段"是指各种媒体，而"方法"是指运用媒体对信息进行采集、加工、存储、交流、应用的方法，信息化技术是由信息媒体和信息媒体的应用两个部分组成的。

"整合"就是一个系统或事物内部诸要素之间及与其他系统或事物之间，根据相互联系，整体协调，通过相互的结合、渗透，使系统各要素都能发挥最大、最优的效益。整合就是更好地发挥要素的功能，实现优势互补，达到"1+1>2"的目的。对于"信息化技术与课程整合"这个概念，国内有许多知名学者，如华南师范大学教育技术研究所所长李克东教授、我国电化教育的创始人南国农教授、北京师范大学现代教育技术研究所所长何克抗教授等，都分别从不同的视角和范畴对其进行了阐述。其中，何克抗教授（2008）认为信息化技术与课程整合的本质与内涵是要求在先进的教育思想、理论的指导下，尤其是主导——主体教学理论的指导下，把以计算机及网络为核心的信息化技术作为促进学生自主学习的认知工具与情感激励工具、丰富的教学环境的创设工具，并将这些工具全面地应用到各学科教学过程中，使各种教学资源、各个教学要素和教学环节，经过整理、组合，相互融合，在整体优化的基础上产生聚集效应，从而促进传统教学方式的根本变革，也就是促进以教师为中心的教学结构与教学模式的变革，从而达到培养学生创新精神与实践能力的目标。这一定义包含三个基本属性：营造（或创设）新型教学环境，实现新的教与学方式，变革传统教学结构。这三个基本属性呈现出逐步递进的关系，最终的目的是培养具有创新精神和实践能力的人才。本书拟采用的这个定义较为全面，其深入地诠释了信息化技术与课程整合的内涵，来进一步地探索信息化技术与儿童体育课程整合的问题。

儿童体育课程有着不同的分类标准。从课程内容的表现形式来划分，儿童体育课程包含了认知类课程和操作类课程。认知类课程内容主要包括人文社会学类课程和运动人体科学类课程。操作类课程主要由田径、球类、体操和武术课程组成，人们通常习惯将此类课程称为术科课程。与认知类课程相比，术科课程的教学具有其特有的规律，而与一般学校体育课相比，儿童体育术科课程的教学在课程目标、内容和教学过程更具其独特性。从内容上看，主要包括运动技术、技能和理论知识；从学习方式上看，主要通过身体练习获得体验。因此，通过身体练习来掌握运动技术、技能并使身体承受相应的运动负荷是术科课程的显著特点。

三、信息化技术与课程整合的教学结构探究

教学结构是指在一定的教育思想、教学理论、学习理论指导下的教学活动过程的稳

定结构形式，是教学系统四个要素（教师、学生、教材、教学媒体）相互联系、相互作用的具体表现。何克抗教授（2002）在谈到教学改革的发展时曾表达了这样的观点："多年来教学改革存在的主要问题在于忽视'教学结构'的改革，多年来我国的教学改革成果不断但是却难有实质性的突破。教学内容、手段和方法的改革固然很重要，却不一定会触动教育思想、教育学理论这类深层次的问题，只有教学结构的改革才会触动这类问题。"随着信息化技术的飞速发展，信息化技术已经渗透到人类社会的各个领域，促使着众多的领域不断地推陈出新。信息化技术向传统体育术科课程领域的渗透已经成为必然，二者的整合，必将为改善体育术科的教学结构提供新的动力和技术支撑。

在传统体育术科课程的教学过程中，不仅缺乏先进的教育理念的指导，而且教学技术手段落后，往往存在着两种较为极端的教学结构，要么极端地以教师为中心，要么极端地以学生为中心，这两种教学结构虽在一定的历史条件下都有其存在的合理性，但是二者都有其自身的弊端，长期地偏重任何一方都会违背术科教学的教学规律，无法取得良好的教学效果，难以高效率地培养出自主性强、具有创新精神的学生。但是，随着信息化技术的发展，信息化技术与课程整合先进理念的产生，为学教并重（或称"主导—主体"）的教学结构向体育术科渗透创造了一定的条件。学教并重的教学结构是相对最适宜在信息化技术与体育课程整合的教学形式下应用的教学结构。先进信息化技术的应用使师生间的信息传递更加顺畅，成为教师与学生加强联系与沟通的纽带。信息化技术作为教与学的重要辅助手段，对教师而言，可以进行多样化的教学信息的传递与呈现，如具有危险性的情境与事件能启发学生想象力空间的情境、需要反复观察的动态现象，以及一些学生不能所见即所得的情况大部分可以通过信息化技术加以实现。这也实现了传统的示范与讲解所不能实现的功能，改善了这一教学环节的效果，使接下来的学生练习的过程更加流畅，减少了不必要的中断，对于学生而言，他们可以得到多种练习机会，有利于他们尽快地掌握动作技能。另外，预习是学习过程中的一个重要环节，是以学生为主体理念的重要体现之一。以前让学生对于所要学习的运动技术和技能进行预习是很难实现的，而现在信息化技术的发展和广泛使用使之成为现实。预习提高了学生学习的针对性和主动性，势必会对学习效果产生积极的影响。但是，将信息化技术有机地融入教学活动中时，应正确地认识到信息化技术在教学活动中的地位与作用，要认识到它只是教学活动中的一个组成因素，既不能代替教师的教，也不能代替学生的学，特别要杜绝教学活动中为了技术而技术的形式主义做法。信息化技术要与教学内容、教学过程贴切地结合。在最大限度地利用信息化技术的同时，还要注意信息化技术在运动技能的教学中的局限性，应从教学实际出发做到人与技术的有机结合。

四、信息化技术与体育课程整合的途径

（一）运用先进的教育理论指导改革

信息化技术与课程整合的过程绝不仅仅是信息化技术手段的运用过程，它必将是伴随教育、教学领域的一场深刻变革。换句话说，整合的过程是教育深化改革的过程，既

然是改革，就必须要有先进的理论作为指导，没有理论指导的实践是盲目的实践，将会事倍功半甚至徒劳无功。这里所说的先进教育理论既包括支持以教师讲授为主的教与学理论（其中又以奥苏贝尔的理论为代表），也包括支持以学生自主探究为主的教与学理论（其中又以建构主义理论为代表）。不过，考虑到中国的国情，应当特别强调建构主义理论，之所以这样做，并非因为建构主义十全十美，而是因为它对于我国教育界的现状特别有针对性——它所强调的"以学为主"、学生主要通过自主建构获取知识的教育思想和教学观念，对于多年来统治我国各级各类学校的、以教师为中心的传统教学结构是极大的冲击，除此以外，还因为建构主义的学习理论与教学理论及建构主义学习环境下的教学设计方法可以为信息化技术环境下的教学，也就是信息化技术与各学科教学的整合，提供最强有力的理论支持。

（二）努力建设信息化体育教学资源

形成"主导—主体相结合"新型教学结构的关键是要充分调动学生的积极性、主动性、创造性；而学生的积极性、主动性、创造性的发挥，不仅有赖于教师正确启发与引导，更需依靠学习者的自主学习、自主探究与合作学习、合作探究，这就需要有能够支持认知、探究的工具、环境和有利于协作交流的工具、环境，以便在学习过程中对学习者或学习小组提供必要的帮助与支持；而信息化教学资源的作用正是要为学习者个人的自主学习、自主探究提供必不可少的认知探究工具与环境，同时也为学习小组的合作学习、合作探究提供快捷方便的协作交流工具与环境。

在信息化技术学习环境下，教师是教学情境的创造者和信息化技术学习的指导者。教师创设教学情境要注重激发学生的兴趣，在进行教学活动设计时要着重体现教学的重点、难点，体现活动参与后的效果。学生成为学习的主体，并不等于放弃教师的主导作用，特别是当学生的信息素养不是很高时，教师的主导地位就显得更加重要。因此，教师要不断提高自身素质，加强现代信息化技术的学习，只有这样才能在课堂上很好地驾驭教学手段，优化课堂教学，提高教学质量。

第二节　信息化技术与儿童体育教学的管理整合

一、建立完善的体育信息系统

现代社会已进入了一个信息化的社会，由人流、物流和信息流构成的人类社会实践活动中，信息流是最主要的，它对人类社会活动起到了支配的作用。体育控制论和系统科学方法论在解决具体问题时，其着眼点在信息，而不在物。信息调节着现代体育发展中人流和物流的方向、目标、数量和速度，为人们更好地利用物质条件、促使现代体育跟上信息化社会发展的步伐创造了条件。

时代的信息化特征，要求我们对现代体育进行变革。这个变革的核心是要求我们对现代体育系统实施信息化控制，而现代体育的信息化控制首先要做到的就是建立完善的体育信息系统。

信息化体育的第一步就是要千方百计地获取各种有益的原始信息。现代体育的管理工作主要是一项信息工作，其中很重要的一点就是帮助具体工作的人获取更多的信息。体育界领导和科研人员的主要任务之一，也是为从事体育实践工作的人提供更多的体育信息源，而作为处于体育实践活动第一线的教练员、体育教师、运动员和学生，更应主动地从各方面设法扩大信息来源，并养成获取信息的习惯，随时了解和掌握体育教学和运动训练的发展趋向，以及运动员和学生从事体育实践活动的种种有关信息。现代体育的信息源主要有以下几种类型。

（一）体育实践活动

体育实践活动主要指体育教学、训练、比赛和锻炼等活动。任何从事体育活动的人都会在体育活动中展现出自己的各种机能状况。只要我们去获取，就能得到大量这样的原始信息。获取这部分信息的主要途径是通过观察、录像、摄影、技术统计及专门的生理、生化、心理方面的科学测定等，还可以通过测验、考核等方面的途径获取。这是一个十分重要的信息源，这种信息源具有随机获取的特点，属于一种"随机信息源"。

（二）体育实践经验

一个人在长期实践中累积起来的经验是十分宝贵的信息源。这种信息是实践者通过自己的记忆，将实践经验大量地储存在自己的大脑中，可以随时索取。人的实践活动（包括体育活动）是一项长期活动，通过实践者的经验积累，信息会不断地产生和扩大，可以说这是一个取之不尽、用之不竭的信息源。经验有直接经验和间接经验之分，但无论是直接经验还是间接经验，一旦储存在人的大脑中，就会成为一种"内部信息源"。

（三）情报、书刊、资料和文件

情报、书刊、资料和文件是一种以文字的形式经过加工处理后集合而成的信息源，是一种较为科学的高级信息源。由于这种信息源可以直接提取、使用，而不需要再加工处理，因而是一种经济性、实效性很高的信息源。又由于这些信息多为知识信息，因而也可称为"知识信息源"。每一项科研成果都为我们提供了最新的信息，现代科技的发展也促进了体育科研的迅速发展，并已形成一个相对独立的完整体系。现代体育科研为从事体育实践活动的教练员、体育教师、体育管理人员等，提供了一个十分重要的信息源。由于许多研究成果往往首先在一些学术活动中进行交流，因而这些学术活动也相应成为一种新的情报信息和知识信息的信息源。

（四）信息网

体育领导者和管理人员必须经常掌握基层开展体育活动的情况，尤其是最高层次的领导者更应如此。但是，每一名领导者只靠自己的力量全面了解基层的情况是非常困难的，因此建立"信息网"十分必要。所谓"信息网"，就是将许多分散在不同层次、不同途径的"系统信息"，通过一定的通信方式和手段联系在一起所构成的一个能流通和传递信息的网络系统，这个信息网络系统也是一个总信息源。迄今，建立完善的信息网络系统已成为现代体育管理一个不可缺少的条件。有了这一系统，就可以使来自最基层的各种信息迅速传递到体育界领导和管理者那里。

二、体育信息系统开发的组织管理

体育信息系统开发涉及的人员较多，为了确保领导与协调有力，分工与职责明确，需要建立相应的组织机构，通常的做法是成立两个小组——体育信息系统开发领导小组和体育信息系统开发工作小组。

（一）体育信息系统开发领导小组

体育信息系统开发领导小组的主要工作是合理地分配各项任务，积极地向下授权，及时地解决各种矛盾。领导小组的职责范围如下：第一，提出建立体育信息新系统的规划和总策略；第二，保证满足不同层次对新系统的需求；第三，对开发工作进行监督和控制；第四，向上级组织报告系统开发工作的进展情况；第五，协调系统开发中的有关的各项工作。

高层领导重视体育信息系统的开发是关键。一方面，管理信息系统是为管理服务的，只有最高领导最了解体育组织的目标和信息需求；另一方面，建立管理信息系统是一项复杂的系统工程，工期长、投资大、涉及面广，它的建立和应用可能是某些业务流程、规章制度，甚至组织机构的调整和改变，这些涉及全局性的问题，只有最高领导亲自过问才能解决。因此，组织中的高层领导是系统开发的领导成员，要在把握大方向时切实地投入时间和精力。

（二）体育信息系统开发工作小组

体育信息系统开发工作小组由系统分析员或系统专家来负责，他们在开发中起着举足轻重的作用。其具体任务是根据系统目标和系统开发领导小组的指挥开展具体工作。这些工作包括：开发方法的选择、各类调查的设计和实施、调查结果的分析、撰写可行性报告、系统的逻辑设计、系统的具体编程和实施、制订新旧系统的交接方案、监督新系统的运行等。调动领导小组人员和工作小组人员的积极性，通过教育普及信息系统的知识，提高他们的信息意识，消除误解；吸收他们参加系统的开发，鼓励他们提出方案和建议。

体育信息系统的开发需要一支由各类专业人员组成的系统队伍。这支队伍包括：系统分析员，负责系统分析；系统设计员，负责系统设计；程序员，负责应用程序设计；操作员，包括硬件操作和数据录入人员；系统维护人员，负责系统硬件和软件维护；信息控制人员，负责信息收发、调度和核对；管理人员，负责系统开发、运行、维护的组织和领导工作。

（三）体育信息系统开发前的组织准备工作

体育信息系统开发前的准备工作是建立领导机构。我国各领域的实践证明，主要领导人的重视与参与是管理信息系统成功的关键因素。为了领导信息系统的开发工作，领导人应有运用现代管理方法科学提高体育组织管理水平的设想，具备信息系统的一些基本知识，了解信息系统的开发过程，善于组织队伍。推动体育信息系统开发的第一步是建立信息系统委员会。信息系统委员会既是领导者的主要咨询机构，又是系统开发的最高决策机构。其主要工作是确定系统目标，审核和批准系统说明书、系统设计说明书，验收信息系统。信息系统委员会的成员应包括有关部门的负责人、有经验的管理专家、系统分析员。委员会的主任由体育组织主要负责人担任。

在信息系统委员会下建立一个系统开发组，这是进行具体工作的机构。其成员包括体育管理专家、系统分析员、程序员、操作员等。这种机构可根据具体情况而定，可由各单位抽调，也可以外聘或内外结合。除技术人员外，开发的各个阶段需要由体育专业人员参加配合：开发的前期需要他们配合系统分析员做好系统分析工作；后期需要他们承担切换、测试工作。另外，为了使用户配合好开发工作，需要对他们进行培训，提出对他们的培训要求。

总之，在体育信息系统开发过程中，还需要具有一定的科学管理基础和一定的资源。一方面，计算机的应用与管理水平的提高是相辅相成、相互促进的。管理水平的提高产生了对计算机的要求，计算机的应用又要求管理向更高水平发展。因此，建立信息系统，先要下决心研究管理问题，甚至下决心进行某些管理制度，乃至某些管理机构的改革。另一方面，体育信息系统的建立和维护是一项投资大，而且有一定风险的系统工程。在工程正式开始之前，应有一个总体规划，进行可行性论证，对所需资源有正确的估计，制订投资计划，保证资金、设备按期到位。开发过程要加强资源管理，防止浪费。

三、体育信息系统开发的管理

缺乏科学的管理可能导致开发工作的混乱和失败。为此，需要对体育信息系统开发过程的人、财、物、时间等进行合理的计划和调控，以保证开发过程有条不紊地进行。我们一般认为，体育信息系统开发的管理内容包括以下四个方面。

（一）计划管理

计划管理的主要内容：第一，制订总体计划，确定体育信息系统开发范围，估计开发所需资源，划分系统开发阶段，并分步实施，同时要明确系统开发重点；第二，制订阶段计划，明确分阶段任务，估算阶段工作量，规划阶段工作进程；第三，检查工程计划执行情况，找出无法按计划完成的原因并提出相应建议，以对计划做出相应调整。

（二）技术管理

技术管理的主要内容：第一，标准化管理，确定所依据的标准及自定标准范围；第二，安全管理。

（三）质量管理

质量管理的主要内容：第一，贯彻体育信息系统开发过程质量管理原则；第二，确定体育信息系统质量管理指标体系；第三，保证体育信息系统开发的可使用性，系统的正确性和适用性、可维护性及文档的完整性；第四，体育信息系统开发周期内的质量管理，分阶段确认工程质量指标，实行质量责任制，对各项任务进行质量检查，分阶段质量评审，分析影响阶段质量的原因。

（四）资源管理

资源管理的主要内容：第一，人员管理，即制订各类人员需求计划，对人员进行合理组织和使用，进行人员培训；第二，软件资源管理，即明确软件需求和软件来源，合理使用软件，重视软件的日常维护；第三，硬件资源管理，即熟悉系统运行环境和硬件系统配置，制定硬件安全使用制度，重视硬件维护保养，加强对辅助设备的管理；第四，资金管理严格执行投资概算，包括硬件软件投资、系统开发费、运行和维护费用，做到资金使用平衡，定期编制资金使用报表。

四、信息化技术在体育管理体制领域的实践应用

体育组织是由一定的人员按照一定的程序，为了一定目标而组成的合作性统一体，是人们落实体育决策计划，进行合作活动的必要条件。建立什么样的组织、如何划分权限、组织的隶属关系如何、组织间如何沟通等，都可以理解为体育管理体制范畴，也就是体育组织的结构设置、权限划分、运行机制等方面的总称。从信息学角度分析，建立体育管理体制的目的就是保证信息流在各类体育组织间的畅通无阻，也就是说决策层制定的规章、制度、条例、法规及各项指示等信息可以及时地传到中间管理层，并最终到执行层；而基层的一些反馈信息可以及时地传到决策层，从而对目标做出调整或形成下一步的规划，当然，这其中也包括体育系统与外部环境的信息沟通。由此可见，类型不一的体育组织其实都是一种信息单位，保证各信息单位的信息输入与输出渠道的通畅。信息化技术在体育管理体制领域的典型应用分述如下。

（一）办公自动化

20世纪70年代，发达国家的办公自动化已经相当普及。计算机技术在我国普及时间较晚，直至20世纪80年代末期才开始逐步发展。办公自动化是一个发展的概念，初期的办公自动化，只是将手工办公方式，如制订文件、制作表格，以及文档的编辑、打印、复印、传送等，通过机器（计算机、打印机、复印机、传真机等）来完成，随着网络技术的发展，开始通过互联网实现组织外部或内部的信息共享。办公自动化系统在体育组织的成功应用，将大量烦琐的业务电子化，使文件的制订、修改、传递变得快捷、方便，而且节省了人力，提高了办公效率。目前，办公自动化的硬件设备在各个层级的体育行政管理部门基本实现了全覆盖，但应用水平不高。以江苏省为例，全省省级、市级、县级体育管理部门信息硬件普及程度非常高，并且也对相关的管理人员进行了关于办公自动化的培训，但在具体实施过程中仍然受到多方因素的影响，直接影响了办公自动化的普及与发展。

（二）电子政务

电子政务（e-government）是在 20 世纪 90 年代初期由美国政府率先提出的。它的实质是政府部门在公共管理和社会服务中运用现代网络通信技术，打破行政机关的组织界限，实现政府组织结构和工作流程的管理费用优化，形成一个精简、高效的政府运作模式，并向社会公众提供优质的全方位的服务，是办公自动化的延伸，可实现组织与组织、组织与外部环境的信息交互。

1998 年，我国政府提出了"政府上网"的构想，并将 1999 年定为"政府上网年"，揭开了我国建设电子政务系统建设的序幕。目前国家体育总局的电子政务系统已经开通，在其主页（www.sport.gov.cn）上可以看到，通过电子政务系统，国家体育总局可以将体育政策、法规、条例、会议精神等及时地传到相关体育组织，一些公开的信息可以通过网络主页公开发布，一些保密信息可以通过电子政务系统传输，只有一些特定的机构（给定用户名和密码）才能进行信息交互传输。通过电子政务系统，国家体育总局可以对下级组织上报的文件进行网上审批，大大节省了时间及成本，提高了体育组织的办事效率及服务水平；电子政务系统也方便了横向体育组织的沟通与交流，各省区市体育系统可以就一些业务问题进行交流；社会公众或一些非体育行政组织也可以通过电子政务系统和国家体育总局及各省区市体育局进行沟通，享受服务或反馈个人及组织的意见。

现在电子政务系统在体育系统的应用水平还有待提升，其应用水平与区域社会经济发展水平、管理观念、管理习惯相关，当然，也和民众的体育需求有关。根据相关调查，在我国不同地区，由于经济水平的制约，体育政务系统的建设与应用存在较大差异，东部地区发展较快，中部、西部地区的发展则明显滞后。本书对江苏省体育系统内部信息资源共享情况进行了调查，结果显示：尽管江苏是东部经济发达省份，但是体育系统内部的信息资源共享水平仍有较大提升空间，省级与市级内部信息资源共享情况较好，但是与县级及以下层级的资源共享平台仍未建立。

（三）电子商务

20 世纪 90 年代以来，伴随着网络技术的发展，虚拟商场开始出现。所谓电子商务（electronic commerce）是利用计算机技术、网络技术和远程通信技术实现整个商务（买卖）过程中的电子化、数字化和网络化。人们不再是面对面的、看着实实在在的货物、靠纸介质单据（包括现金）进行买卖交易，而是通过网络，通过网上琳琅满目的商品信息、完善的物流配送系统和方便安全的资金结算系统进行交易（买卖）。

通过电子商务系统，体育组织可以采购所需要的设备、器械及其他用品；体育企业可以开发网上商店，宣传并销售自己的商品，也可以接受用户的订单或反馈意见；体育服务组织也可以发布自己的服务信息（如健身指导、培训咨询等）。电子商务系统的发展，可以节省体育商业组织的经营成本，当然，也方便了一些非商业体育组织的消费需求，优化了人力资源使用渠道，提升了采购部门的行政效率。电子商务系统的应用也使体育组织的财务管理明晰化，经费的来源渠道、去向、盈余一目了然。

（四）管理信息系统和决策支持系统

管理信息系统（management information system，MIS）兴起于 20 世纪 80 年代，90 年代出现决策支持系统（decision support system，DSS）。其实二者并没有严格的界限，原来的管理信息系统只是进行信息的一般处理，不参与辅助决策，后来，随着软件技术的发展，它的功能不断强大，具备了决策功能，开始被称为决策支持系统，决策支持系统应该算是管理信息系统向更高一级发展而产生的先进信息管理系统。现在，随着人工智能技术的发展，各类专家系统、智能化决策支持系统开始被研制出来，计算机在管理中的应用水平越来越高。

管理信息系统和决策支持系统在体育管理领域也引起了相应的重视，20 世纪 90 年代以来，一些学者开始关注这一领域，如骆玉峰等人（1998）研制的体育评价决策支持系统，邵桂华等人（1997）开发设计出体育管理专家系统，郝红（2012）根据决策支持系统设计结构构建排课决策系统等。然而，这些研发还基本停留在学术探讨领域，理论论证相对成熟，但并没有得到实践的验证。尹博（2006）曾做过信息化技术在体育管理领域的应用情况调查，办公自动化应用较为普及，而辅助咨询、辅助决策的应用则十分滞后。管理信息系统和决策支持系统的介入，可以使一些体育管理常规业务实现自动化处理，反复出现的一些决策问题可以通过计算机获得决策方案，不必再去层层请示，对一些非常规问题，可以借助专家知识库进行模拟推理，进而获取可参考的决策方案。利用人工智能技术的自推理、自学习功能，可以储存决策经验，不断扩充专家知识库的容量，再遇到类似的问题，会很快给出决策方案。在当前管理人才缺乏、流动性较强的背景下，利用计算机应用系统将宝贵的管理经验保存起来并进行有效的组合，对于后继体育管理者进行决策参考具有重要的意义。

五、"互联网+体育"发展现状

从 2014 年国务院发布《关于加快发展体育产业促进体育消费的若干意见》[①]，把体

---

① 国务院，2014. 国务院关于加快发展体育产业促进体育消费的若干意见.（2014-10-20）[2019-12-02]. http://www.gov.cn/zhengce/content/2014-10/20/content_9152.htm.

育产业作为绿色产业、朝阳产业培育扶持，并确定了"到 2025 年，基本建立布局合理、功能完善、门类齐全的体育产业体系，体育产品和服务更加丰富，市场机制不断完善，消费需求愈加旺盛，对其他产业带动作用明显提升，体育产业总规模超过 5 万亿元，成为推动经济社会持续发展的重要力量。"同时在"互联网+"的推动下，"互联网+体育"迎来全面的爆发。政策红利、人口规模、观念转变、市场空缺等一系列利好，吸引着产业巨头和互联网体育创业者的加入。2016 年是公认的体育年，法国欧洲杯、里约奥运会等世界顶级盛事，掀起了一波又一波体育狂潮。2016 年同样也是中国互联网起飞的一年。从 2015 年开始爆发的个性化新闻客户端大战，延伸向海外的内容大战、个性化推荐技术在更多领域的应用；从直播类 App 大战揭幕的技术、内容、社交大战⋯⋯目前中国大部分的体育类 App，已经默默聚合了个性化新闻、视频、直播、资料数据、实时排名等功能，体育类 App 站在了移动互联网的前沿，而移动互联网也在不遗余力地向体育领域进军。在体育生态如此繁荣的今天，互联网是不可错过的关键一环。最近几年已经看见互联网与餐饮、交通、电影等 O2O（online to offline，线上到线下）行业的完美融合，因此"互联网+体育"也是大势所趋。

（一）"互联网+体育"存在的问题

如何让"互联网+体育"实现全民健身所赋予的本来含义，其成功的标准就是拥有广泛稳定的用户群，并且其用户数量、用户的活跃度是衡量信息系统优劣的主要指标。现阶段"互联网+体育"信息系统层出不穷，有的以微信为界面，用户在微信上发布比赛赛事、好友报名参加；有的以 App 形式，以手环、手表等终端收集用户的运动信息，输出统计结果。但总体上来说，"互联网+体育"信息系统如雨后春笋，但生命周期不长、使用率不高、用户易流失，其中的问题可以总结归纳为如下几个方面。

1. "互联网＋体育"的建设缺乏政府部门参与

"互联网+体育"的建设主要由商业化的投资、运作、创新及管理主导，缺乏政府部门参与。体育事业虽然插上了互联网的翅膀，但是运作、管理、创新模式并未真正应用互联网思维，造成运作效率低、管理模式照旧、创新能力不足等问题出现；同时社会资本进入"互联网+体育"领域缺乏政策支持与政府引导，缺乏明确的建设方向。

2. "互联网＋体育"信息系统的建设模式缺乏创新

在系统建设之初的功能调研与设计阶段并未充分了解、考虑用户的内在需求，很难让目标用户有效参与其中的开发与产品体验，因此导致各种体育信息系统、App 的功能大同小异，缺乏特色点与创新点，有的甚至出现不符合用户的使用习惯、操作烦琐的问题。另外，由于缺乏深入的功能需求调研与大数据、云计算等技术的应用，大多数的系统只能满足用户的浅需求，实现如步数、心跳等统计功能与分享、评论等社交功能，不能对用户的运动数据进行大数据的对比分析，为用户提供专业、有效的运动建议，用户黏性不大。这是造成"互联网+体育"信息系统建设目标总是与建成结果存在一定的差距的重要原因。

3. "互联网 + 体育"信息系统的建设缺乏前瞻性与统筹规划

互联网思维是一个开放性的思维，不同的互联网公司所立足的创新点不同，由其承担开发的信息系统也相去甚远。由于缺乏自上而下的顶层设计与系统开发的统一标准，系统的开发建设无疑存在片面性，缺乏前瞻性；而且由于建设标准不同，地市之间、省市之间、省省之间信息系统的兼容性不高、兼容难度大，不利于形成全国统一的"互联网+体育"信息系统。

4. "互联网 + 体育"信息系统的生命周期比较短暂

"互联网+体育"信息系统建成后在推陈出新、优化升级及维护方面缺乏长效机制，系统的生命周期比较短暂。在互联网时代，日新月异是其代名词，同时该词也说明了用户需求变化的速度。"互联网+体育"信息系统要保持用户的活跃度与系统的使用率，首先要及时地捕捉、分析用户需求变更点，及时地更新系统的标准进而对系统进行持续性的改进与优化。但由于缺乏社会化的运营与创新机制，用户需求收集与分析显得稍微滞后，由市场需求驱动系统优化升级的长效机制未形成，所建成的信息系统的功能不能及时满足用户的需要、系统效率逐渐降低等的问题，造成了用户的流失，降低了系统的生命周期。

（二）"互联网+体育"存在问题的解决方法

1. 强化设计前瞻性，深化顶层设计改革，建立自上而下的标准规范

目前，"互联网+体育"还处于探索阶段。创新体育的"互联网+"模式仍然需要从体育事业发展战略的高度出发，围绕中央与地方出台的体育事业相关发展战略与实施方案，尽快打破部门壁垒与条块分割，打造集中与分布相结合的体育资源共享体系。同时广泛征集意见，兼顾未来技术的创新与系统可拓展性，建立一个自上而下的、与"互联网+体育"有关的平台、业务、技术、接口等标准规范，以解决企业之间相差甚远的技术实力引出的一系列开发问题，排除系统未来在升级、维护、扩展方面的各种隐患。

2. 利用新的信息化技术，实现核心技术成果的转化

随着新一轮信息化技术的不断普及和深化应用，云计算、大数据、分布式等为代表的互联网技术产业又掀起了一次技术革新。"互联网+体育"信息系统可利用云计算等新技术满足用户在运动上的更高层次的需求，如专业技术指导、作息时间建议、运动计划建议等；鼓励社会资本的参与和投入新技术的研发与应用，引导在核心技术的科研上集中力量突破技术壁垒、积极推动核心技术成果转化，提升系统竞争力，增加客户黏性。

3. 贯彻用户至上的新思维

"互联网+体育"信息系统的建设，必须贯彻以用户为中心的发展思想。要随时了解并适应用户期待和需求，推进信息系统的服务水平，并降低使用的成本与门槛，为用户提供实时、实地、实用的体育服务。"互联网+体育"实际也是对于用户体验方面的一次颠覆性的创新，应以用户需求至上为根本，随时注重服务便捷性与服务质量的提升，不断拓宽在"互联网+体育"的覆盖面，做到普惠大众，让体育进入寻常百姓家，帮助市民更好地安排运动时间，让更多的人热爱体育、参与体育、支持体育事业的发展。

4. 共建共享体育在线服务和体育信息资源，实现社会资源配置最优化

"十三五"规划提出，要"提高公共服务共建能力和共享水平"，"发挥财政资金撬动功能，创新融资方式，带动更多社会资本参与投资。创新公共基础设施投融资体制，推广政府和社会资本合作模式"。创新体育在线服务，需要综合运用各种措施让更多的社会经济生活主体参与到"互联网+体育"的建设、发展和分配中来，激励更多的社会资本参与体育在线服务的建设，提升在线体育服务的能力与体育资源信息共享能力。强化政府购买公共服务方式，探索"互联网+体育"的共享共建新模式，积极引入信息系统的社会化管理、创新模式，重点发挥公共部门在社会资源配置中的关键性引导作用，实现信息系统整体运行的效率最高化和资源配置最优化，提升整体的创新能力，保持系统的先进性。

5. 引进优秀人才，加强培养本土人才

现阶段我国政府除考虑发挥政策支持优势从国外引进信息化技术高端研发人才外，还应着重考虑培养本土的信息化技术人才、体育教育人才。在"互联网+体育"信息系统工程建设过程中，要强化建设方、承建方、监理方运用互联网思维开展工作，以此培养相关人员的信息战略眼光，增强本土队伍在新兴信息化技术环境中的适应能力，加强互联网技术在体育事业应用，充分发挥互联网技术的优势，促进体育事业的发展。

综上所述，未来十年，中国体育产业将迎来黄金时期，在体育产业链的各个环节，尤其是新赛事、新媒体、新智能硬件、新产业服务等领域，都存在有巨大机会。在超级体育 IP（intellectual property，知识产权）、主流趋势项目、高效强需资源、"互联网+"社群消费等领域将出现比较好的投资机会，一大批创新企业也将脱颖而出。

"互联网+体育"的体育产业发展模式带来了减少中间环节、提高运转效率、形成增值效应等变化。只有让用户在使用过程中不断体会到方便、快捷、高效、实用，才是实现"互联网+体育"的动力之源。

六、信息化背景下体育管理体制变革趋势展望

办公自动化、电子政务、电子商务、管理信息系统、决策支持系统的应用，已经给

体育管理工作带来了理念革新和方式手段的变革,体育组织的职能行使方式正在转变。组织与组织之间及组织与外部环境之间的信息互动方式正变得快捷、方便,管理者获取信息的渠道变得日益丰富,决策方式也在发生着改变。为适应上述变化,体育管理系统的机构设置、权限划分及运行模式都必须做出适当的调整,体育管理体制变革势在必行。

（一）体育行政管理机构的精简化

网络和信息的发展使以往在高层领导和基层部门之间上传下达的中间管理层作用在逐渐削弱,高级管理层与基层执行层之间的联系变得简单方便,不必担心传递过程中造成的信息丢失和信息失真。传统的中间管理层的作用正在逐渐减少,体育管理机构组织的"中空化"已经成为发展的必然趋势。一些机构的消失,必然带来人员的转移或精简。与此同时,由于信息化技术的应用,一些常规的管理业务,如文件的整理、传递、保存等,逐步实现电子化,所需人员的质量要求较高,而数量却会减少。国内在体育管理机构调整与精简方面已经做出了巨大努力。1994年,国家体育运动委员会机关由原来的15个厅、司、局缩减为13个,工作人员由470人缩减为381人。1998年,本着"精简、统一、效能"的原则,国家体育运动委员会再次进行了机构改革,改组更名为国家体育总局,由国务院组成部门改变为国务院直属机构,内设机构减少到9个,人员编制由381人减少为180人,但主要职责不变。这一系列的机构改革提高了我国体育行政机关的工作效率。从某种程度上说,这既是体育信息化对体育管理机构的作用得到了充分体现,又促进了体育信息化和体育管理机构深化发展。

另外,体育管理组织在精简中间管理层的同时,为更好地应用信息化技术,会增加一些专门的信息管理部门,培训或招聘一些信息化技术人才,专门从事信息服务工作。体育管理信息化进程的推进就需要既有信息化专业知识,又懂得体育管理的专职或兼职人才。从江苏全省情况来看,层级较高的体育管理部门拥有独立的信息服务机构,也非常重视信息收集发布及信息平台建设。但是,省辖市级、县（市、区）级体育管理部门并不具备独立的信息服务机构,专业人才也非常匮乏。基层体育信息收集及平台建设仍处于起步阶段,在体育相关管理部门及社会组织中,信息专业人才非常稀少,体育信息化建设进展缓慢。

（二）体育管理机构变革趋向扁平化、网络化

我国的体育管理组织结构基本上呈等级分明的金字塔式结构,上下级之间界限分明,统一指挥,权力链清楚。决策层的决策指令通过中间层的传输,下达到执行层,执行的反馈结果再经过中间层传输到决策层,以便对决策方案做出调整或制定下一步的方案。在信息化技术比较滞后的情况下,较多采用这种等级结构,信息传输直接、明确,而且速度较快,决策层的指令会很快传达到执行层。

信息化技术的发展,尤其是20世纪90年代以来,网络通信技术的发展,正在使这一情况发生改变,信息沟通变得非常容易,决策层通过互联网,可以及时将决策方案传

达到执行层，而且几乎可以同步了解执行层的反馈意见，在这种情况下，大量的中间信息传输层已没有存在的必要，管理层次会逐步减少，由于信息易于交互，决策层可以直接沟通的执行职能部门增多，管理幅度变得越来越广，管理组织结构将向扁平化的趋势发展。

另外，信息化技术的发展，也使横向组织间的信息交流变得十分容易。横向组织之间可根据业务发展需要组建合作团队，就某一问题展开合作攻关研究。传统等级结构的管理组织内部，由于信息传输困难，只有高层才能掌握全面的信息，才能做出决策，下层组织因为掌握信息有限，一般没有办法参与决策。通过电子政务系统或系统内部网，各类体育组织之间能够实现信息共享，可以根据自身掌握的信息情况及本地区的特色，直接提出决策意见，各类体育组织都是决策主体，形成的决策方案更加科学、合理。也就是说，体育决策主体呈现网络化趋势，分布在各地的体育管理组织都可以参与决策。

（三）从管理到服务

计划经济时代，体育行政管理机构主要通过行政命令的方式实行控制、监督等管理职能，以"管理者"角色自居，服务意识较为淡薄。如今，各类媒体（报纸、杂志、广播、电视、网络等）为体育信息的传播带来了极大的便利，人们的体育意识增强，对获取政府有关体育政策法规、各类体育统计数据信息的快捷和透明程度的要求日益提高，对体育管理机构的办事效率、服务水平等的要求也越来越高；同时，对政府部门职能的监督需求也日益强化。为了适应人们体育需求的多样化、个性化及高质量化趋势，体育行政管理组织为更好地服务社会经济发展需要，其体育职能必须做出调整，即由管理者的角色向服务者角色转化。

（四）体育管理权力的分散化

体育信息的发展，将打破传统政府管理方式信息的高度垄断，从而实现各个层面的信息相互沟通。一方面，体育信息传递方式的改变使各层级的管理者可以通过网络以较低的成本迅速获取信息，从而保证了下级政府机构的自主决策，调动了下级部门的积极性，增强了体育行政各部门的组织活力。同时，由于上级能及时获得基层信息，能有效地监督和引导下级的行政行为，把行政权力的运行置于民主监督之中，从而有利于把握全局，实现政府的主导作用。这一过程包含体育高层的管理职能、权限向下级政府的下放和同一政府部门内部上级对下级的权力的下放。另一方面，体育政府部门同社会的关系得以改变，体育行政部门的行政过程可以置于下级部门视线之内，下级部门的意见可以在行政决策和执行中得到反映。这改变了下级部门作为被权力控制、管理的角色，使社会自治成为可能。同时，等级制权力结构不仅很难有效倾听下级部门的声音，其缓慢的信息传递方式也降低了对问题的反应与处置的能力，使政府对社会变动与下级要求的回应速度和回应能力下降。体育信息通过网络间的信息传递，建立起了高层体育管理部门与下级管理部门的直接双向互动模式。体育管理权力开始呈现出民主、分散的趋势，并呈现出真正的公共参与的特色，通过各种媒体向社会提供高质量的信息服务。

第三节　信息化技术与儿童体育教学的环境整合

一、信息化教学环境的概念与特点

（一）信息化教学环境的概念

教学环境是教学活动得以进行的物质保证，是影响教学活动的各种外部条件，是教育资源在空间和时间上组合变换的结果。不同资源组合所产生的教学环境具有各自的优势。从教学论的角度来看，教学环境是构成教学活动的一个重要因素。在教学实践中，教学环境对教学活动的顺利进行和对学生的身心健康发展都具有重要的影响。教学环境有广义和狭义之分。本书所述的是狭义的教学环境，即从学校教学工作的角度指学校教学活动的场所、各种教学设施、校园文化和师生人际关系等。

信息化教学环境是与传统教学环境完全不同的一种新形式的教学环境，它建立在多媒体计算机和互联网基础之上，是在现代教育理论指导下，充分运用信息化技术促进教学信息的获取途径和呈现方式多样化。信息化教学环境有广义和狭义之分。从广义上说，信息社会中与教育、教学有关的各种要素皆属信息化教学环境，如公共通信网络、现代媒体资讯等。从狭义上说，信息化教学环境主要是指开展信息化教学的硬件环境、软件环境、时空环境、文化信息环境、人文环境等。本书所讨论的信息化教学环境主要是指适应课堂教学的硬件环境（多媒体教学系统、校园网）和基于网络学习的软件环境（网络互动学习平台）。

（二）信息化教学环境的特点

1. 信息源丰富且量大

现代教育技术手段为课堂教学所提供的教学环境，使课堂上信息的来源变得丰富多彩，教师和课本不再是唯一的信息源。多种媒体的运用不仅能够扩大知识信息的含量，还可以充分调动学生的多种感官，为学生提供一个良好的学习情境。

2. 学生学习主动积极

现代教育技术手段的加入，尤其是多媒体计算机和网络的加入，使教师的主要作用不再是提供信息，而是培养学生自身获取知识的能力，指导学生的学习探索活动，让学生主动思考、主动探索、主动发现。

3. 个别化有利于因材施教

计算机的交互性给学生提供了个别化学习的可能，借助多媒体技术等技术手段，学生可以自主选择学习内容的难易、进度，并随时与教师、同学进行交互。在现代教育技术手段所构造的教学环境下，学生可逐步摆脱传统模式，由传统的被迫学习变为独立的主动学习，学习过程包含更多主动性。

二、体育教学环境信息化的必要性

以互联网和移动通信技术为代表的技术革命席卷全球，对人类获取信息和交换信息产生了广泛而快速的影响。中国互联网络信息中心（China Internet Network Information Center，CNNIC）发布第 44 次《中国互联网网络发展状况统计报告》。据统计，截至2019 年 6 月，我国网民规模达 8.54 亿人，较 2018 年年底增长 2598 万人；互联网普及率达 61.2%，较 2018 年年底提升 1.6 个百分点。互联网逐渐成为人们获取信息的重要途径。信息化对人们的工作、生活、学习和信息交流传播方式产生了深刻影响。在教育领域，信息化技术极大地改变了教和学的生态结构，它正从影响整个教育领域的各个方面重建教育、教学和学习过程。它不仅改变了整个教育过程，还影响到教学过程中教与学的关系和决定这种关系的价值观体系。

体育教学的身体活动性和教学空间开放性的特点，使体育教师在体育教学中运用信息化技术提高教学效果的过程中面临着比其他学科教师更多的困难。一方面在体育教学中，无论是体育教师获取各种教学信息的方式，还是师生之间和学生之间信息交流的信息化水平都很低。尤其是为了让学生建立正确的技术概念，教师仍需要完成大量的技术动作示范，而教师的年龄、性别、身体素质特点，以及教师本人对技术动作的领会掌握程度、心理因素和其他条件，都有可能影响教师的示范效果。另外，由于体育教学主要是以班级为单位的集体教学，在教师进行运动技术示范的过程中，无论怎样调整队列队形，也必然会有一部分学生因为角度问题难以清楚地观察到教师的示范。因此，利用现代高度发达的信息化技术优化体育教学过程中的信息交流与传递方式，提高体育教学效果，是体育教学信息化亟待研究的课题。

三、信息化技术与体育教学环境的整合策略

（一）优化体育课程资源

社会网络是计算机广泛使用的结果，是以信息高速生成、处理和共享为特点的新技术范式。随着信息化技术的发展，网络多媒体资源正在逐步取代印刷品，成为最主要的体育课程内容载体。互联网工具允许人们以文本、图片、声音、数据、多媒体和超媒体格式来访问、加工和生成信息资源，并建立起现代社会交流所必需的语言体系。随着信息化技术在教育教学过程中的广泛应用，人们越来越多地通过课程内容载体创新，建构出信息化的体育课程资源，促进信息化技术与体育教学的深度融合。信息化环境下，体育课程资源呈现出多元化特点，教学设计包件的观念逐渐形成。信息化教学设计包件是信息化教学设计成果的表现形式。在这一理念下，教学从过去重视教师的教学活动转移

到关注学生的学习活动，信息化课程资源的开发与设计从过去的教师教学本位转变为学生学习本位。体育课程资源的优化就是指在信息化环境下，依托学校现代化的信息化技术教学设施，建立起立体化的体育课程资源教学包，主要包括教学材料、评测材料和课程管理信息。

（二）体育课程资源教学包

1. 体育课程教学材料

体育课程教学材料包含体育教学过程中教师和学生用来完成教学任务、达到教学目标的教学内容，包括主要教学目标和学习目标材料、电子化的教科书和教学参考资料、多媒体教学资源（声音、图片、视频和教学软件平台等）。随着信息化技术在教育领域日益广泛的应用，充分利用现代互联网技术和计算机技术，能够有效整合所有体育课程资源，从而构建起以"积件"思想为核心的体育课程教学材料，并利用现代网络技术，实现体育课程积件资源库的交互与共享。在体育教学过程中，体育教师可以根据体育教学的实际需求和不同教学对象的实际情况，依据相应的教学策略，充分利用教学素材，方便而灵活地调用和制作出适用于不同教学情境的体育教学材料。

2. 体育课程评测材料

体育课程评测材料主要是对学生的知识、技术和能力进行考核和评测的材料，既包括与体育学科知识相对应的客观考试题目，也包括针对学生技术和能力等行为表现的评测表。评测分为前测和后测，教师可以根据需要将评测材料作为授课材料或学习材料的一部分，这样学生就能够按照教师教学设计的要求，在特定的教学环节完成不同体育教学效果的评测。

3. 体育课程管理信息

体育课程管理信息是体育课程教学包含的重要组成部分，主要向体育教师提供教学材料概述，以及展示如何将它们与学生不同阶段的学习过程有效结合起来，还包括一些体育教学考核与评测材料和关于课程实施的重要信息。基于网络的教学管理平台除了提供学生指导模板外，还为教师提供了课程管理方面的技术支持，包括学生名单的导入、学生学习进度的跟踪、学习项目的监控、在线考试、成绩管理，以及师生之间或学生之间的信息交流机制等。

（三）优化体育教学时间结构

体育教学过程是一个动态变化的过程，信息化环境下有效的体育教学具体表现为体育教学设计过程中信息化技术与体育教学的深度整合。信息化环境下体育教学时间结构的整合策略包括：形成信息化的体育教学理念、制定信息化的体育教学目标、优化体育教学的课堂教学结构、选择体育教学媒体传播方式、发展信息化的体育教学评价技术和方法。

1. 形成信息化的体育教学理念

信息化环境下的教学是与传统教学相对的一种现代教学表现形态，它重视信息化技术，如现代互联网技术、计算机技术、多媒体技术、远程通信技术等在教学中的作用，充分利用现代教育技术手段和现代教学方法，调动多种教学媒体和信息资源，构建良好的教学与学习环境，并在教师的组织和指导下，充分发挥学生的主动性、积极性、创造性，使学生能够真正成为知识、信息的主动建构者，从而达到良好的教学效果。信息化环境下体育教师需要转变的理念主要有教学主体的变化、教师的角色变化及对信息化技术的正确认识。信息化技术与体育教学整合的关键不是如何使用信息化技术，而是根据不同阶段体育教学的需要，选择更适合培养学生能力的教学媒体与教学方法。

2. 制定信息化的体育教学目标

传统教学设计过程中，教学目标是教学设计的核心要素，教学目标确定之后，其他要素均围绕实现教学目标进行设计。信息化环境下教学设计关注的是通过情境的创设、学习资源的支持，让学习者探究发现建构知识的意义，整个过程围绕如何建构知识意义而展开，教学目标的核心地位受到动摇。传统教学设计中教学目标设计指向学习结果，用外显的行为动词描述出来，作为评价教学是否达成目标的依据。在信息化环境下的体育教学设计中，主要是基于主题、项目和问题解决的学习，通过丰富的学习资源的支持，选择适合的学习方式进行学习。

3. 优化体育教学的课堂教学结构

体育教学的课堂教学结构主要是指体育课的组成部分及各部分之间的联系、顺序和时间分配，它反映了一定体育教学单元体系中一次体育课的教学过程及其组织。在体育教学中教师、学生、教学目标、教学内容和教学媒体都是体育课堂教学的基本要素，而信息化环境下对体育教学的课堂教学结构的优化主要体现在教学目标、教学内容和教学媒体这几个要素上，寻找最恰当的组合方式，以达到最好的教学效果。第一，根据教学目标设计与选择教学媒体，在进行教学设计时首先确定教学目标，其次对知识、技术或能力进行分析，最后根据教学内容特点和教学不同阶段的要求选择教学媒体，使整个课堂教学结构协调有序。第二，信息化技术在体育教学中的应用必须与学生的认知发展水平相适应，信息化技术能够十分直观形象地展示不同的体育知识和运动技术，尤其是优秀运动员运动技术的演示，有助于学生形成正确的技术动作概念，然而这种直观性不利于学生抽象思维能力的培养，这就需要体育教师以生动形象的语言准确地总结出运动技术动作的特点，使学生迅速建立起正确的运动技术概念。第三，信息化技术在体育教学中的应用应当着眼于课堂教学结构整体功能的发挥，信息化技术不可能控制体育教学的整个过程，它只是在一些重要的环节上对体育教学发挥作用。信息化技术的广泛应用在很大程度上加快了教学节奏，提高了教学的知识传授密度，其利用声音、图片和视频等多媒体的综合刺激，提高了学生的学习兴趣，然而学生大脑高度兴奋之后则很容易出现保护性抑制，因此在应用现代教育技术的同时，还要注意与其他教学媒体的适度组合。最佳的体育教学效果是体育课堂结构内部要素协调有序运作的结果，片面强调某一要素的作用，而忽视与其他要素协调配合、联合运用，都会有损于体育课堂教学效果。

4. 选择体育教学媒体传播方式

科学技术的高速发展，使可供教学使用的媒体越来越多，教学媒体的发展经历了语言媒体阶段、文字媒体阶段、印刷媒体阶段和电子媒体阶段。纸质资源通常只提供单一视角和线性事例，可视化的动态过程提供给学习者的则是更为多样、全面的教学场景。在体育教学过程中，传播教学信息的媒体主要有视觉媒体、听觉媒体、触觉媒体、多媒体和社会性软件等媒体形式，每种教学媒体都有它自身的优点，也有其难以克服的缺陷。体育教学中教学媒体的选择，首先，依据媒体在实现体育教学目标任务中将要履行的职能，教学媒体的使用目标必须依据体育教学和学习目标来确定，教学媒体在体育教学中使用的目标按照其职能可以分为事实型、情境型、示范型、原理型、探究型五种；其次，根据体育教学内容特点、媒体使用目标，决定选择教学媒体的类型、使用教学媒体的时间、媒体素材资源在体育教学中的作用和使用方式，从而达到教学媒体使用的最佳效果；再次，根据已经确定的教学媒体类型，选择教学媒体内容，把教学信息转化为对学生感官产生有效刺激的符号成分，达到教学信息的有效传递；最后，针对确定好类型和内容的教学媒体，再次对照教学内容和教学目标，检查是否一致，如果存在不一致的地方，就需要对教学媒体进行修改或改用。

5. 发展信息化的体育教学评价技术与方法

传统的体育教学评价侧重于学生体育知识、技术和能力的学习结果，以便给学生定级或分类。在信息化教学环境中，学习资源的来源十分广泛，尤其是互联网高度发达的今天，学习资源呈现出取之不尽的态势，因此体育教师很难像传统体育教学那样，针对每一个学生选择适合学习目标的资源，并对他们的学习提供评价。现代教学评价主张在教学进行前提出预期，使学生对自己要达到的学习结果有一个明确的认识；教学评价要基于学生在实际学习任务中的表现，重点放在如何使学生的能力得到发展和提高上；教学评价是随时且频繁进行的，及时衡量学生的表现与教学目标之间的差距，进而及时改变教学策略、学习方法及努力方向。信息化教学评价是为了收集学生所掌握的知识和技能的数据、检测学生的学习行为并不断改进教与学的实效性，并且可以让教育者了解到教学目标是否达到，为修正教学系统提供依据。

四、儿童体育教学环境信息化的提升策略

（一）提高体育教师对信息化教学的深刻认识

必须从主观意识上认识到信息化教学的优越性和必要性。只有体育教师自身认识到

体育信息化教学的重要性和可行性，才能在儿童体育教学中实现先进的信息化教学理念，充分发挥学生的主体性。作为一个引导者，教师在信息化教学过程中，应充分利用信息化教学来达到教学目的，处处以培养学生的主观能动性为主，提高学生学习体育的兴趣，寓教于乐地完成体育课堂的教学目标。坚决杜绝体育教师在课堂中只是做一个简单的讲解和示范。在青年教师的教学科研活动中，当笔者与其他教师交流时，大部分教师认为信息教学只是一种华而不实的理想教学。笔者认为信息教学是一种趋势，尤其是青年教师应不断地思考信息教学，使信息教学成为常态。

（二）提高体育教师信息化技术水平

要提高体育教师的信息化技术水平，需要加强对体育教师的信息化技术培训工作，体育教师务必要积极主动地参加专业的培训和实践，从而切实有效地提高信息化技术水平。只有不断提高自身的信息化技术处理能力，才能设计并运用信息化教学手段。对于当前的教育发展，信息化教学是一个新的挑战，尤其是体育教学，对于怎样从传统体育教学转型到信息化教学，是每一位体育教师应该思考的问题。体育教师只有不断提高自身业务水平，才能跟上信息化发展的步伐。

（三）建立健全体育学科优质教学资源共享平台

建立健全体育学科优质教学资源共享平台，是广大教师的一种强烈的需求，同时也是当代学生对优质资源的需求。现在网络上有各种零散的优质教学资源，教师需要对其进行整合。同样，优质的学习资源平台可以加强学生的课后练习，不断地强化体育技能，从而有效地提高身体素质。例如，笔者有滚翻组合的信息化教学资料，如有别的教师想上这堂课，就可以从平台提取笔者的资料运用于自己的教学，再将滚翻组合这堂课进行优化改进，并上传到平台，对滚翻组合的教学资料进行不断完善。长此以往，儿童体育信息化教学内容、教学手段、教学方法将得以不断完善。

（四）利用信息化技术将教学内容延伸到课外

在网络技术和通信技术如此发达的今天，我们拥有很多可以进行网上交流的工具，教师可以运用这样的交流工具来进行学生学习状况的监督和检测。例如，教师可以利用微信建立微信群，让学生在产生困惑或动作不能完全做到位时，可以把自己的动作拍下来并上传，让教师和其他学生都能知晓，然后可以在群内积极地交流意见，听取其他同学或者教师的建议。另外，在发现了一些比较好的教学资源时，也可以上传到群内，学生可以通过观看视频、阅读文本等各种方式及时进行课前尝试和课后巩固练习，大大地提高了教学的有效性和便捷性。在现在学生体质有所下降的背景下，提高体育教学的质量，实现现代信息化的体育教学就显得尤为重要。体育教师需要思考如何更有效地将信息化教学融入体育课堂教学中，如何将理论知识与技术动作学习更有机地结合，还需研究国内外优秀的案例，从而总结出具有自己特色的体育信息化教学。

第四章　信息化技术与儿童体育教学的课程

第一节　儿童体育课程与课程信息化

一、儿童体育课程

　　早在计划经济时期，我国就已经有了儿童体育体系，主要包括业余体校和体育传统项目学校，其实质是培养体育后备人才，为竞技体育服务。随着改革开放的进行，我国的体育体制也进行了改革。考虑到近些年来我国儿童体质状况的下降，除了培养高水平运动员之外，国家体育总局从 2000 年起利用公益彩票的收入，先后在全国各地创办了许多少儿体育培训机构，目的是吸引所在周边区域更多儿童参加体育活动，实现由体育课程向课外活动延伸，促进体育课内外一体化进程，增强儿童体质，培养儿童体育兴趣爱好和终身体育锻炼的习惯。民间资本也不断大量进入儿童体育培训市场，为市场注入了巨大活力。

　　在人生早期，积极的支持性的关系，对于认知的发展和身心健康至关重要。身体发展研究表明，早期儿童适宜的体育运动预示着儿童将来会取得更多成功。而儿童阶段也是基本的运动技能发展、语言发展及其他的对于人的一生都有重要意义的技能发展的最佳时期。高质量、具有发展适应性的儿童早期体育对于儿童的发展产生了长期的积极影响。卡茨（1995）认为，"在课程设计……（决策）中的发展性的方法中，应该学什么以及怎样才能学得最好，取决于对学习者发展状况的了解，还有我们对于早期经验和后来发展之间的认识"。发展儿童适应性体育课程是建立在儿童如何发展和如何学习的基础之上的，并以此来引导儿童体育教育的实践。

　　运动发展是在人的整个生命周期中由于遗传和环境的影响而发生的运动行为的变化。运动发展观认为运动变化发展是定性、有序、定向、多因素和个体的，是许多因素包括力量、平衡、动机、教育和遗传等共同作用的结果。在开展儿童体育课程教学活动中，教师应掌握儿童体育运动规律，这是提升儿童运动稳定性的基础。尽管运动发展的一般顺序是相同的，但个体之间的变化和差别还是存在的。因此，教师必然要重视儿童运动技能的个体差异，坚持因材施教的教学原则，只有这样才能不断提升儿童体育运动效果。

　　在儿童体育教育中运用运动发展的理论设计课程，是儿童体育发展适宜性的关键。根据美国儿童体育委员会的观点，优质的体育无论是从发展的角度还是从教育的角度，都应该适合于被服务的特定儿童。教师开展体育教学活动的目的就是提高儿童身体素质，进而让儿童有更加全面的发展。发展适宜的儿童体育课程强调根据儿童发展水平来提供有组织的教学内容，同时把从研究儿童的运动经验中获得的知识纳入教学大纲（课程），使所有儿童学习成功的机会最大化。

二、儿童体育课程的性质

（一）多维性、统一性

儿童体育课程旨在实现和获得明确的多维目标，即既要注重在儿童身体、心理、社会适应等多领域中促进他们的健康发展，同时也要考虑到运动的发展广泛地受到儿童早期、中期和后期所呈现的心理、认知和社会等多因素的影响，而这些因素将与学科内容紧密相连，同样影响儿童体育课程实施的效率。而统一性则是指不同时期儿童的身体、心理、社会等维度之间、儿童的发展和体育之间是密切相关的，是不可分割的统一整体。对于儿童体育课程设计来说，认识到儿童不同发展领域之间的关系也是非常重要的。例如，当孩子们开始学会根据信号迅速地改变移动方向或者每天参加有活力的身体活动时，他们探索世界的能力就开始提高，同时他们的灵活性反过来影响其认知的发展。同样，孩子们语言技能的发展，会对他们与其他的孩子和成人建立社会关系的能力、发展社会适应能力产生影响，进而促进或者阻碍他们运动技能的形成与发展。

（二）有序性、累积性

人类发展研究表明，儿童在 9 岁之前身上会出现一种相对稳定、可以预测的发展和变化顺序。可以预见的发展发生于所有的发展领域，包括身体、情感、社会性及语言和认知的发展。尽管在不同的文化环境当中，这些变化所表现的方式及这些变化对于儿童的意义有所不同，但在这个年龄段儿童发展的一般规律为教师如何创设良好的体育教学环境、设计理想的课程目标，以及如何提供适宜的经验等起到了至关重要的引导作用。为了发展更复杂的运动技能，需要获得基本的运动技能。运动技能发展是在从不成熟到高级水平的发展过程，具备一定数量的基本技能是儿童学习更高级的运动技能的基础。

（三）高期望性、差异性

儿童发展存在着个体差异性，不同儿童以不同的速度发展，每一位儿童在不同领域的发展速度也是不均衡的。个体差异至少存在两种维度：在平均或者普遍的发展过程中，个体差异不可避免；每一个人作为独特的个体，这种差异是不可避免的。每个孩子都有自己的发展时间表，并以不同的速度发展。但是，对于个体发展适应性的重视并不等于个人主义。我们不应该只把儿童看作是一个年龄群体中的成员，期待他们以一种事先规定的方式来行动，而没有任何的个体差异。对于所有的儿童，我们都要保持较高的期望，但是按照群体标准的要求所设定的期望，并不能反映在早期的个体发展和学习当中的实际差异。相同的课程面对相同年级学生，经常会表现出不同操作水平和教学效果。

（四）定向性、动态性

体育的发展是定向的动态过程，即沿着预定的方向进行，倾向更加复杂、更加组织化和内在化。儿童早期的学习是从动作语言向符号性、概念性或表征性语言发展。儿童体育课程应该是循序渐进的，运动技能发展的阶段应该是渐进性课程设计的基础。设计课程的目的应该是让基本的运动技能为后来更复杂技能的发展奠定基础。根据技能发展的累积性，课程在课、单元和年度中应该由简单发展到复杂。

儿童早期阶段的课程学习重点是帮助儿童建立坚实的基本动作技能基础，课程中占主导地位的是基本位移（如移动、跳、滚动等）和稳定技能（如悬挂和平衡）及目标控制技能（如投掷、接、踢、击打），强调配合使用韵律和音乐的移动技能的组合。最后也强调贯穿体育课程中儿童将运用到的、形成运动语言的运动概念。儿童中期阶段，儿童身体的杠杆系统（骨骼）及肌肉系统得到发展，这一阶段的重点应该强调动作表现的质量和形式（如成熟动作的要素），而不是动作表现的结果（如投掷和跳跃的距离）。如提供适当的练习，儿童中期阶段大部分学生能够表现出成熟立定跳远的形式，但是由于骨骼和肌肉的限制，跳跃的距离可能就不那么理想了。而这不是问题，因为成熟运动形式的获得建立了所需要的运动控制，当青春期阶段骨骼和肌肉发展起来后，就能够使运动技能得到强有力的应用。

（五）游戏性、互动性

游戏是儿童体育课程的重要工具，同样也是他们发展的反映。高质量的教育性游戏的重要标准是互动性，由儿童自己制作体育游戏的脚本内容，教师除了安排足够的时间、空间及材料，还要通过建议、示范、指导及提供延伸到第二天的游戏主题来帮助儿童开展游戏。儿童是积极的知识建构者，发展和学习是一种交互作用的结果。那么，教师就要认识到，对于这些发展过程来说，儿童游戏是一种有着高度支持作用的工具。体育课程游戏不仅让儿童体验到简单的快乐，还可以让儿童在体育游戏过程中提升自身与其他同学交往的能力，这是提升儿童控制情绪，增强表达能力的重要途径。儿童早期好玩好动的特征使运动探索和低组织的游戏成为练习和运用基本动作技术的理想载体。由于儿童早期注意短时的特征，这些活动的简单性和节奏对于他们而言是特别重要的。低组织的趣味性游戏经常被作为一种教学活动，用来传授课程应用情境中基本动作技能的学习。儿童后期阶段具有更长的注意持续时间，能同时加工多条信息。这些能力的发展，伴随着部分儿童参加小组活动兴趣的增强，此时合作和竞争游戏成为课程的重要部分。

（六）愉悦性、成就感

儿童早期身体活动的体验，不管是积极的还是消极的，都具有累积效应，即经验一旦发生，它至少会产生最低限度的结果。例如，儿童学前阶段也是基本运动发展的最佳时期（也就是说，在这个年龄能够更容易、更有效地掌握基本的运动技能）。由于儿童年龄较小，本身就比较活跃，现在家长为了提高儿童的身体素质，也非常支持儿童进行适宜运动量的练习（跑、跳跃、单脚跳、蹦），那么在这段时期儿童有很多机会进行锻炼，能够在后来的发展中掌握更为熟练、复杂的运动技能（在一个横杆上做平衡动作或骑自行车）。早期的运动经验严重受限的儿童可能在发展身体能力方面比较困难，同时，在后来的发展中，尝试参与个人所适合的体育运动会有些迟缓。

对于遭遇失败的儿童来说，他们只会选择简单的尝试。因此在大部分时间中，儿童体育课程应该呈现给他们处于身心发展水平之内的内容，以及通过他们的努力能够解决的任务。同时这些儿童不断地受到处于他们的发展水平边缘的情境和刺激的挑战，但不会产生挫折感。另外，在超出儿童的独立能力所及的任务中，通过成人和能力更强的同伴所提供的"支架"和"平台"，促使儿童能够向前迈出一步，让儿童体验身体运动中取得胜利的愉悦及战胜困难的成功感。

三、儿童体育课程新要求

（一）对体育教师提出更高的要求

体育课程标准是对学生经过某一阶段之后的体育学习结果的行为描述，而不是对教学内容，特别是知识点和单项运动技能的具体规定（如教学大纲对教学内容和时数的规定那样）。体育课程标准主要规定某一阶段所有学生在教师的指导下或在自己的努力下都能达到的要求，是面向全体儿童共同的、统一的基本要求。体育课程标准主要服务于评价，是对国家或地方的课程质量、体育教育质量、教师教学质量、学生学习质量进行评价的依据，统领着儿童体育课程的实施、管理、评价、督导与指导，具有一定的规定性、权威性、严肃性和正统性。但体育课程标准不是师生运作的、儿童体验的具体课程，只是一个规划儿童体育课程的指导框架，没有实际运作的儿童体育课程所拥有的课程特征。

课程标准是一个课程目标、内容标准体系，它仅仅是在学习目标、内容范畴上对学生提出了适当的要求，并没有限制教师采用什么具体内容、方法进行课程的实施、评价，这就给了教师、儿童更大的自由和选择，这是"赋权"。但选择既是一种权利，也是一种权力，更是一种能力，没有知识、智慧、能力保障的选择，只会使儿童体育课程实践更加混乱。诚然，课程标准在儿童体育教学上给教师留有自由的空间，但这也是困难和挑战，这段空间需要儿童体育教师自主的专业发展来填补。当前，基础教育改革的课程与教学领域中，校本课程、综合实践活动课程占据了强势地位，而有关教学改革的话语大多也集中于教学过程，或者与转变学习方式、教学方式相关的一些话题，过于关注教学活动，追求新颖、热闹，为活动而活动，以为这便是新课程。新课程实施的一个核心问题，即课程实施如何基于课程标准被忽视了。对新儿童体育课程的实施而言，迫切需要的是教师树立课程意识、理解课程标准，将此阶段的课程标准转化为儿童体育教学目标，基于标准实施体育教学，实现理想儿童体育课程向现实儿童体育课程的转换，这需要教师具备保证儿童体育课程目标落实的能力，涉及达成目标的评价、选择和组织主题内容和活动的能力及实施能力。这些新儿童体育课程要求的新能力提升应是当前儿童体育教师专业发展的重点，也是新儿童体育课程在课堂层面落实的关键。新儿童体育课程最终要靠课堂教学来实现，但没有基于标准的儿童体育课程设计，没有儿童体育课堂教学的改进，也就没有真正的新课程。

因此，儿童体育新课程改革的理念和目前的培训强调每个体育教师必须拥有课程意识（开放的、民主的、科学的意识），倡导在儿童体育课程意识支配下的教学觉醒（一种教学活动主体自觉的唤醒）。体育教师是儿童体育课程的自主开发者，是反思和探究的主体和研究者，应能掌握自己的专业发展命运，不断更新专业知识和能力结构，掌握课程设计的知识和技能。但这些都是"应然"层面上的东西，当前的体育教师专业发展更多停留在了理念层面上，实践操作层面上的活动、策略效果不明显。所以，从当前的任务看，最为迫切的是新课程的实施，在实施过程中基于标准去反思，基于标准去研究。

（二）更加突出培养儿童的理念

体育课程教学理论及实践同其他教学过程一样，都承担了"人的教育"的任务，这种教育是一种"全人教育"，它包括活跃人的思想，训练人敏捷的思维与智慧，培养人完美的情感与道德。但在传统唯知理念的教育下，人的完整性却被忽视，更多体现在体育教育理论与实践中。我们更多的不是问"如何使孩子成为一个完整的人"，而是问"我们应当教他什么技术"。传统体育教学以教师、教材为中心，教师、教材的作用被过分夸大化，体育教师习惯于高高在上、发号施令，学生也习惯于机械地模仿与练习，教师权威的过分夸大使学生得不到应有的尊重。

教育教学是培养人的一种社会活动。培养什么样的人，是儿童体育教学实施前不得不考虑的问题。传统儿童体育教学在培养人的问题上，一般定位在社会本位和技术本位两个层面。社会本位层面，一般将儿童体育教学的目标定位于社会主义接班人、社会主义建设者等；技术本位层面，儿童体育教学的目标以使学生达到某个等级标准为目的，传统儿童体育教学中的"达标、技评"就是技术本位在教学中的一种外在表现形式。完整生命在两种本位的体育教学观中都没有能够得到很好的体现，甚至在某种程度上受到肢解，社会本位看到了生命的社会性，按照社会统一的样板去雕塑儿童，生命的个性得不到张扬；技术本位的出发点是好的，目的是使儿童掌握一定的体育运动技术知识，为增强体质、建设社会主义服务，但是，在实施过程中，由于过于强调技术、技能的重要性，手段与目的发生移位，即本应是为生命健康发展的手段——体育技术、技能变成了体育教学追求的唯一目的，生命成了技术的奴隶，为了技术学习而技术学习，生命的灵性、激情、创造性都迷失在相对僵化的统一技术规范中。有学者倡导建构一种生命化体育教学理念，在价值取向方面定位于关注生命、尊重生命及提升生命质量三个层次。

"健康第一"理念的提出无疑是对前两种本位的一种超越，我们可以称之为健康本位。健康是生命的一种理想状态，是生命的一种美好追求。但是，健康的内涵和外延都极其宽泛，不同的人会有不同的理解，现代体育教学尽可能将健康理解为广义上的健康，即生理、心理、社会适应、道德等层面的健康，但在一般人的认识中，健康、疾病和医学联系最为密切，将体育锻炼和健康联系起来，大多数人一般只能意识到"预防疾病"这个层面。现阶段，人们对体育的理解还停留在"泛体育"阶段，接受最多的信息是竞技体育信息，而竞技运动如何有利于健康，在"度"上还很难把握，众多的运动员退役后受伤病困扰，使许多人对体育的健康功能产生怀疑。儿童体育教学的对象主要是处于身体发育阶段的青少年，旺盛的生命力掩去了他们对健康的过多思考，一般不会意识到健康的危机，为了健康而自觉锻炼的意识离他们还有一段距离，这或许也是当前大众体育人群以中老年为主、青少年不足的一种解释。另外，体育毕竟是以身体活动为主的一种运动形式，运动和静养究竟哪个更有利于健康？在理论上没有定论，在实践上都可以举出支持自己的实例，因此将体育定位在健康，在理论及实践上都还有相当长的路要走。

（三）更加重视课程的过程评价

儿童体育课程教学其实并无多少外在功利目的，学习与练习都是儿童身心发展的需要，每个人都希望自己健康，都希望自己拥有好的身体，体育的意义不言自明。但经过研究可以发现，现在很多学校都会受到应试教育的影响，文化课往往在教学体系中占据着重要部分，这样留给体育教学的时间就比较少。正是因为这样，现在儿童学习体育的机会并没有预想的多，这也是儿童体育课程实施取得不了有效性的重要原因。近几年，儿童体育课程实施开始重视过程评价，关注儿童体育课程的全过程参与，这个转变不仅仅是一种教学理念的转变，而是由传统应试理念转变为以学生为中心的教学理念。坚持在儿童体育课程评价中重视过程评价，不仅可以转变教师的关注点，还可以让教师真正思考什么内容是真正适合儿童成长的。体育教师可以通过科学性评价确定儿童学习状态，进而根据评价结果制订下一步教学计划，这样才能保证体育教学活动的有效性不断提高。引导儿童进入自由状态进行学习与练习，就应该在教学中淡化外在不利影响。若一定要以学分来体现，可以采用多元化评价，关注过程，淡化结果。以儿童健美操为例，儿童只要投入了、努力了，哪怕动作不协调、不合节拍，甚至做错了动作，也应当给予积极评价，保护儿童的自尊，增强他们的自信，实现体育教学的最终目的——培养终身体育参与人群。其实，任何一个体育项目都一样，如打篮球，我们经常用标准的投篮或传球动作去考评儿童，姑且不谈所谓的标准是否适合每个儿童，儿童进行体育活动的目的是健身娱乐，通过篮球课，儿童如果能体验到快乐、体验到与人协作的乐趣，这种积极参与的过程不就是美的吗？投篮不优美、传球不规范，不应该成为优秀的障碍。我们应看重儿童的积极参与过程，引导儿童用不同方式展示自我。

素质教育的体育课程学习评价应以人的全面发展为中心，注重儿童的全面发展和提高儿童在体育学习活动中的生命质量。因此，儿童学习评价应该既有显性内容（体能与运动素质、体育知识与技能），又有隐性内容（体育态度与情感、体育兴趣与习惯、自我健身管理的能力、自我评价健康的能力、自我休闲、创新的能力）。

体育课程的属性是满足儿童主体发展的需要，使主体自身得到提高。体育课程标准取代教学大纲，其价值的实现与教师、儿童和领导等因素密切相关。体育教师的素质、能力、价值观等影响儿童体育教学设计、实施和评价等。儿童的学习态度、体育观、体育行为影响着学习参与和学习兴趣。因此，在更加注重"培养人"的体育课程中，体育教师要通过情境兴趣等途径设计教学，培养儿童运动兴趣，使其主动参与运动；同时教学设计要充分关注个体差异，使每个儿童在积极参与运动中有所收获，更加注重课程实施的过程评价。儿童体育课程的目的是追求其价值实现，为儿童的健康成长和身心发展做出贡献。

四、儿童体育课程信息化

课程信息化主要是指在课程教学当中融入信息化技术，并在不同领域内实现现代化教学。儿童体育课程信息化主要包括两个方面：一方面，儿童体育课程教学利用信息化技术；另一方面，儿童体育课程管理利用信息化技术。儿童体育教学与管理要实现真正的信息化，就必须不断在儿童体育课程中推广信息化技术的应用，将信息化技术当作儿童体育课程实施的重要支撑，不断改变儿童课程体育管理模式，促进儿童体育教育事业的发展。

儿童体育课程教学与管理的信息化管理系统的主要内容包括儿童姓名、学校、系别、班级、成绩等几个方面，如果学生要对自己的信息进行查询，系统必须设置精准查询方式，并要设置推送、导出等相关功能。除此之外，系统设计人员还要设置相关代码，以明确区分不同区域，保证信息录入正确等。

20世纪末开始兴起的建构主义教育理念认为，学生应当在接受教育的过程中扮演积极主动的角色。因此，教育的首要任务是积极提升学生自身对于受教育活动的兴趣，并在此基础上发挥其主动性。与此同时，社会自身正在经历着信息化浪潮的洗礼，教育信息化成为国家发展和社会转型的必然趋势。在这两大背景的交叉影响下，学校体育教育必须主动适应社会的现实发展，在建构主义教育理念下积极地进行信息化建设和改造。

（一）体育课程信息化建设路径

信息化的概念中包含信息化技术和信息资源两个最重要的因素。具体到儿童体育课程信息化建设方面，就是儿童体育课程信息化的硬件建设、软件开发及信息发布系统。

首先，在硬件方面，国内普遍的做法是通过购置计算机、建设机房来实现儿童体育教学管理的办公自动化。这固然是儿童体育课程信息化建设中必不可少的一步，然而，仅仅止步于此是远远不够的。从深层原因上来看，上述情况的出现是受到传统教育理念的影响，其最大的弊端在于忽视了儿童的主动性。另外，从信息化的考查内容来看，对信息化技术和信息资源的利用也不充分。建立高效的儿童体育课程信息化应当在办公自动化的基础上，充分引导儿童主动参与，并广泛地在各个信息化平台上充分交流信息资源。具体做法是：建立各个数据库的有效互联，对儿童个体信息进行硬件识别和管理。例如，在进行体育教学的时候，通过门禁系统与校园卡、指纹识别系统智能穿戴设备等硬件关联，对学生的迟到早退情况、心率等进行高效快速的管理，并及时反馈到教师的固定或移动数字平台上，这就为儿童体育课程管理提供了新的思路和方法。

其次，在软件方面，儿童体育课程的信息化建设应当充分利用多种信息数字软件。体育教师的固定或移动式数字终端上应当具有相应的体育课程教学管理软件，学生也应当拥有对于课程信息进行了解和选择的相关软件，如采用核心 Java 平台或者 Java 2 平台的标准版的 J2EE 语言进行编译的 Windows 系统管理软件或 Android 系统的 App 应用软件。另外，通过数字化信息化的体育课程课件及多媒体计算机设备的应用，可以充分提高儿童进行体育课程学习的积极性和主动性，使教师摆脱传统体育课程教学模式的桎梏，从而充分地应用建构主义教育理念中"以学生为主"的核心思想，使体育教学部门和体育教师发挥平台作用。

最后，在信息发布方面，独木不成林，单丝不成线。良好的信息化基础设施建设还须配备高效的信息咨询发布系统。在上述软硬件建设的基础上，儿童体育课程信息化的信息公开机制和信息应用平台也应当随之建立起来。目前，普遍的措施是建立学校相关网站，进行体育课程教学信息的单向披露。此类做法略显简单，在实际效率上也略显低下。信息化不应当只是将旧有的课程教学和课程管理更换输入输出和储存途径，而是应当在理念上利用信息化技术和信息资源的交汇进行革新。具体做法如下：首先，在儿童体育课程的网站的发布上，应当秉持公开和安全并重的思想。一方面，学生通过个人学号和密码可以访问网站的全部公开信息，从而对体育课程进行了解和选择；另一方面，非学生的访问者无法进入具体课程选择的页面当中，只能够了解某些信息。其次，基于建构主义"以人为本"的教育理念，儿童体育课程信息应当针对学生所属年龄段的特点和爱好，在某些公共社交平台如新浪微博、微信公众号等，通过相互关注来提升儿童对于体育课程的兴趣和增强好奇心，从而真正融入儿童群体之中，使儿童可以在各平台上对信息进行主动了解和比拼，营造起良好的锻炼氛围。

总之，儿童体育课程信息化的建设应当是在深刻理解建构主义教育理念和信息化真正内涵的基础上，应用信息化技术、交流信息资源、开拓多种平台提升学生的积极性，唯其如此，才能在社会转型进程中，真正实现儿童体育教育的基本目标，开展人性化的体育教育。

（二）体育课程信息化教学优势性

首先，教育理念的革新在提高教育水平、实现教育的真正目的上起着根本性的作用。儿童对通过信息化手段、以学生为主体的体育教学模式有着相当高的评价。传统的儿童体育课程主要是以集中教授、直观演示等方式进行的，并且体育课程的安排也是不够科学的，随意性较大，不能够真正吸引儿童的兴趣、激发他们的好奇心从而主动参与到体育课程教学当中去。儿童对于体育课程的信息了解，仅仅是通过观看和模仿教师演示动作而实现的，对于实际课程与课本的差异不甚了解。儿童体育课程知识的相关信息的信息化平台发布和知识传授，使学生在知行方面达到了统一，从而能够积极主动地参与到体育课程当中来，并实时掌握体育课程信息的变化，真正实现学习自主的目的。

其次，儿童体育课程信息化是适应和符合社会转型发展的，是教育改革的必然趋势。通过儿童体育课程信息化教学，体育教师的综合素质水平将有非常大的提升，体育教师对于专业课程研究的深入程度和积极性也将明显进步。通过信息化建设，体育教师可以更便捷、快速地掌握课程的动态信息，从而有针对性地调整课程内容和教学方式，既形成了轻松的教学气氛，也增进了师生之间的感情交流。

最后，在深刻理解构建主义和信息化的基础之上，儿童体育课程信息化教学应该以儿童为本，开展人性化的教育，唯有如此，才能真正实现儿童体育教育的基本目标。

（三）体育教学信息化管理重要性

信息化管理能够促进儿童体育教学的创新。体育老师要利用信息化技术对儿童的资料、成绩等方面进行有效管理，从而实现体育教学管理的现代化。儿童体育教学信息化管理正朝向柔性化和人性化方面发展，为体育教学管理的变革与创新奠定了基础，体育教学工作者须充分利用信息化手段，对体育教学管理机制进行改革并增强管理思想，从而提高管理水平。通过利用信息化手段，能够更好地推动课堂教学创新，实现儿童人性化管理。

信息化管理能够提高儿童体育教学的质量，利用信息化手段对体育开展教育管理，推动管理工作的进行，并提高管理水平。通过信息化管理，能够实现对财务等方面的管理，减少人力资源的浪费，从而保证体育管理工作的质量与效率。

信息化管理具有信息获取迅速、信息存储量较多等特点，因此能够对儿童体育教学的各方面进行管理。例如，能够对学校中的体育课堂教学内容、儿童考试成绩、课余活动参加情况甚至是体育竞赛等方面进行信息处理和管理。在举办体育竞赛时，体育教师可以及时对比赛的报名情况、比赛人员编排、成绩录入、排名评定方面进行智能化管理。因此，信息化管理避免了以往体育管理的烦琐，具有高度的智能性。

第二节　现代信息化技术与儿童体育课程教学

在本质上，信息化技术与现代信息化技术并没有多大区别，现代信息化技术强调的是一个"新"字，它更能适应变化的信息化技术发展潮流。当今的教育与网络息息相关，它强调的是新技术、新手段。随着计算机技术与网络技术等现代化媒体的推广与普及，现代信息化技术已打破传统教学模式，利用现代信息化技术可以实现交互性的学习，可以共享教学资源，师生获取信息及传递信息不受时间与空间的限制，传播的途径更加广泛。现代信息化技术给传统的教育模式、教育方法和教育思想带来了很大的冲击，它引领教育的重大变革，使过去的封闭式教育向开放式教育发展，过去的阶段性教育向终身教育发展，过去的区域教育向远程教育发展，对传统学习方式产生了深远影响。目前教育界已经普遍利用现代信息化技术手段辅助教学，并得以推广与运用，随着广大教师现代信息技术水平的不断提高，促使教育技术实践的不断创新与教育观念的不断更新，从而使教育技术本身也得到了空前的发展。体育课程教育是学校教育的重要组成部分，学生体质健康离不开学校的体育教育，在体育课程教学中，如何利用现代信息化技术手段是广大学校体育教师应该掌握的一门技术。

一、儿童体育课程教学实施中存在的问题

（一）填鸭式学习

体育健康知识学习在儿童阶段是非常重要的。就目前而言，很多幼儿园都是以教师为主，教师会为儿童安排好学习任务，儿童只是被动接受教师布置的任务，教师安排儿童做什么游戏、背什么健康知识，儿童就会跟着照做，这种机械式的体育健康教育方式完全违背了孩子们率真的个性。另外，儿童对周边的事物充满了好奇心，具有丰富的形象思维，教师应该顺从儿童的成长规律，赋予其更多自主选择的机会，儿童喜欢做什么，教师要以正确方式给予引导，并且合理开发儿童体育锻炼的想象力，而不是一味地布置任务，要求儿童遵从，只有把体育锻炼学习的主动权交给儿童，儿童才能学得开心、玩得舒心，健康快乐地成长。

（二）缺乏信息素养

在现代信息化技术飞速发展的今天，每个人都必须具备搜集信息的能力，儿童也不例外。体育教师在上课时通过讲解、示范的方式来传递信息，儿童只是从教师那里获取体育健康与锻炼的知识信息，教师说什么就是什么，儿童多数不会去辨别信息的真假，缺乏判断能力。听话并不意味着盲从，儿童是祖国的花朵、未来的希望，肩负着未来国家繁荣兴旺的使命，作为一名合格的教师，应培养儿童分辨信息的能力，为其将来走向社会打下坚实的基础。

（三）教学方式单调

儿童对周边事物充满好奇心，他们喜欢做各种游戏活动。但是，现在部分体育教师让儿童规规矩矩地按照自己的安排做活动，儿童缺乏自主探索锻炼，或者不加以引导，完全"放羊"，这两种枯燥乏味的授课方式遏制了孩子们的好奇心。学生如果感觉老师讲课循规蹈矩、毫无激情，就会感到厌烦，因此，单调乏味的教学方式，会使儿童觉得学习毫无意义，把学习当成一种负担，而不是享受，长此以往，儿童就会产生厌学心理，不利于儿童快乐地成长。

二、现代信息化技术对儿童体育课程教学的影响

随着新体育课程改革的进一步深入，现代信息化技术在体育教育领域备受关注，一切教与学都离不开网络技术的支撑。因此，现代教育技术以现代信息化技术为手段，用教育理论、学习理论的方法对教师的教和学生的学进行深层次优化，对教与学的过程进行设计、开发、利用、评价和管理，最终实现教与学的优化升级，达到教学目的和教学结果的和谐统一，促进人才培养。

（一）现代信息化技术优化了教学手段

传统的教学模式是由教师、学生和教学资料而构成的，现代信息化技术需要增加教学媒体。现代信息化技术手段与传统儿童体育课堂教学手段相比较，具有以下优点：①在儿童体育课程教学中，把教师的教为主导作用转变成以儿童的学为主体地位，可以发挥儿童学习的主观能动作用；②在儿童体育课程教学中，教师利用现代信息化技术媒体的辅助作用，传授知识不仅是以黑板为主、以形态模型为辅的教学方式，还可以通过网络与多媒体的形式显示丰富多彩的教学信息，使体育教学内容得到很大的扩充。现代信息化技术改变了传统体育课堂的教学活动中，以教师的教为主的教学方式，活跃了教学的气氛，使儿童的学成为主动。

（二）现代信息化技术改变了教学形式

现代信息化技术增加了儿童体育教师与儿童之间的学习交流的机会，活跃了课堂气氛，激发了儿童的学习积极性和学习兴趣。教师通过现代信息化技术手段，将教学转变成师生之间对问题的深入剖析和讨论，儿童与儿童之间加强学习合作，在共同合作中取得成功。儿童在这种不断学习、不断研究、不断创新的过程中形成正确的思维方式，由被动学习转变成主动学习。因此，恰当地应用现代信息化技术手段进行教学，有利于师生间的交互性学习。

（三）现代信息技术变革了师生关系

改变传统以教师的教为主体的教学模式，注重儿童的主体作用，以儿童的学为教学中心，体育教师要注重引导，从尊重儿童的主体地位出发，营造一种激励儿童参与体育活动实践的思维和行为空间。教师要充分体现教学任务的重心是儿童的学习效率，积极地引导儿童进行创新型学习。在体育教学过程中，注重发展现代教学模式下师生的互动关系，师生相互交流、相互学习、共同发展。在体育教学过程中，体育教师通过恰当地运用现代信息化技术和传统教育技术，充分发挥自身的主导作用，以不同的形式和手段为儿童营造出一个新的学习环境。现代信息化技术改变了过去沉闷的体育学习活动，并改变了过去教学过程中教师和儿童之间的关系，使他们建立互学的师生关系，同时也为儿童的个性化体育学习提供了条件。

三、现代信息化技术对儿童体育课程教学的意义

（一）寓教于乐，满足儿童的好奇心

快乐学习理念是儿童成长与发展的关键性理念，儿童的认知与情感很容易受到周边环境的影响，此时的儿童体育教育就显得格外重要。儿童时期是形象思维发展的好时期，我们要抓住儿童的身心特点，利用多媒体中的视频、声音、图像等，以具体的实例配上音色效果，给儿童提供各类犹如进入真实体育场景的学习环境，通过真切的感受，儿童才能开发思维，调动学习的乐趣，并且通过相互间的感受来传递自己在运动中的想法，使体育课堂不再显得呆板乏味，激发儿童对体育知识的好奇心，寓教于乐。俗话说"兴趣是最好的老师"，将多媒体运用于儿童教育，是培养儿童好奇心，使其快乐学习的一剂良药。

（二）促进儿童体育教学方式多元化

当前，很多学校在开展儿童体育课程教学过程中并未真正认识到教学方式多元化的重要性，在教学过程中仍然以教师为主体，传统的体育教学方式显然已经无法满足当前阶段儿童成长的需要。因此，体育教师在教学过程中应引入现代信息化技术，创新体育教学形式。采用多媒体技术后，教学方式不再是单纯的教师教、学生学，儿童在现代信息化技术的支持下变成自主学习的主体，以前军队式或者放羊式的单一化体育教学方式，将被个性化、趣味化、自主化的信息化教学方式取代，在现代信息化技术的支持下，体育教师将建构出更多的信息化教学场景，产生更多的教学方式满足儿童的发展成长需求。

（三）激发儿童体育自主学习与锻炼

儿童体育课程教学既要引导儿童主体意识的健康发展，又要促使儿童主体意识的自觉发展。现代信息化技术是连接这两个方面的契合点，促使两者趋于稳步发展。利用现代信息化技术的手段，为儿童搭建自主学习平台，采用多种多样的教学方式，可引导激发儿童的自我学习动机，挖掘儿童的自主锻炼能力。每个儿童都有个体差异和思维特点，应恰当地运用现代信息化技术手段来创新体育教学方法，充分发挥学生的主观能动性，组织好整个体育教学过程，采用适宜的教学方法，在体育教学过程中引导儿童把身体全面发展和个性发展统一起来，培养学生体育自觉自主学习与锻炼习惯。

四、现代信息化技术在儿童体育课程教学中的应用

（一）现代信息化技术在儿童体育课程教学中的应用价值

1. 有助于激发儿童体育运动兴趣，提高儿童体育学习参与度

现代信息化技术能够将声音、文字、图形、图像、动画、视频等多种元素融为一体，

为儿童体育任课教师体育教学活动的开展提供更为直观、形象、生动的表达工具。例如，在组织开展儿童体育教学活动的过程中，任课教师就可以利用多媒体课件以图文并茂、有声有色、生动形象的方式面向儿童展示各种体育健康知识和体育运动技能。对于儿童而言，这些多媒体课件更有助于激发他们的学习兴趣，提高他们的注意力水平和参与度。

2. 有助于加深对动作技术的理解，促进儿童动作表象的形成

在开展儿童体育教学活动的过程中，常常会涉及很多瞬间性或者是非常态的动作，如腾空、翻转等。在针对这些瞬间性或者是非常态动作进行教学时，如果仅仅采用讲解示范的方法，由于任课教师在示范时技术动作完成的速度非常快，儿童很难在动作完成的瞬间就观察清楚动作完成要领、细节及完成的整个过程，以至于影响了儿童对动作技术的理解和掌握，使儿童很难在较短的时间内就形成正确的、完整的动作表象。然而，现代信息化技术在儿童体育教学中的应用则能够很好地弥补教学中的上述不足。在采用现代信息化技术组织开展儿童体育教学活动的过程中，任课教师可以将很难示范清楚的瞬间性动作或者是非常态动作，通过动画或者视频的方式进行展示，并且在展示的过程中，结合自己的讲解采用慢放、暂停、回放等方法，来让儿童更好地观察技术动作的细节和要领，从而加深儿童对动作技术的理解，促进儿童动作表象的形成。

3. 有助于德育在体育教学中的渗透，促进儿童综合素质发展

在儿童体育教学中进行德育教育的渗透时，现代信息化技术教育教学工具的应用往往能够让教育内容更富感染力。例如，在儿童体育教学中渗透爱国主义教育和集体主义教育时，采用电教媒体来放映重大国际比赛的片段，如奥运会或亚运会比赛的片段，让儿童观看我国优秀体育运动员在赛场上顽强拼搏的过程和取得胜利之后站在领奖台上看着五星红旗冉冉升起时的激动自豪的表现，往往会比单纯说教的教育效果更为理想。

4. 有助于任课教师信息化技术素养的提升，促进任课教师的专业发展

现代信息化技术在儿童体育教学中的应用，无疑对儿童体育任课教师的执教水平和执教能力提出了新的挑战，任课教师只有首先具备了良好的信息化技术素养，才能够实现信息化技术在儿童体育教学中的应用。所以，为了提升自身的信息素养和信息化技术运用水平，很多儿童体育任课教师就需要对与信息化技术教学相关的知识和技能进行专门性的学习或者培训，而这种情况，从长远的角度看来，对儿童体育任课教师的专业发展无疑是具有积极促进作用的。

（二）信息化技术在儿童体育课程教学中的应用策略

信息化技术在儿童体育教学中的应用是十分重要的，同时也是十分必要的。为了充分发挥信息化技术在儿童体育教学中的重要作用，实现信息化技术在儿童体育教学中的有

效应用,笔者结合儿童体育课程教学的特点和教育信息化发展,提出了如下几点应对策略。

首先,要注意提高儿童体育任课教师的信息化技术素养。体育教师是儿童体育教学活动的组织者和实施者,其是否具备良好的信息化技术素养,会直接影响到信息化技术在儿童体育教学中的应用成效。因此,为了确保信息化技术在儿童体育教学中的有效应用,首先最为关键的一点就是要注意提高儿童体育任课教师的信息化技术素养。在提高体育教师的信息化技术素养时,可从以下两个方面入手:一是要注意转变传统的体育教学理念,正确认识现代信息化技术的辅助教学作用,提高自身的信息意识,树立新的学习观、教学观和媒体观;二是要注意加强体育教师的信息化技术培训,通过有针对性的培训,将体育教师信息化技术素养的培养和发展落到实处,以促进其信息化技术素养水平的不断提升。

其次,要注意加强学校信息化技术应用环境的建设力度。良好的信息化技术应用环境是现代信息化技术在儿童体育教学中有效应用的基本保障。要确保信息化技术在儿童体育教学中的有效应用,学校就应逐步加强学校的信息化技术应用环境建设。在具体实施的过程中,一方面要注意逐步提高学校信息化技术硬件设施配备的完善程度和利用率;另一方面还要注意加强学校信息化技术软件环境的建设力度,不但要积极根据现阶段学校信息化技术硬件设施的配备情况来配备相应的软件资源,同时还要注意建设本校体育教学资源数据库,为本校体育教学中信息化技术的有效应用提供保障。

最后,要注意正确处理现代信息化技术与传统教学手段之间的关系。现代信息化技术工具是随着近些年我国信息化技术的飞速发展而出现的一种新的辅助教学工具,虽然相较于传统的教学手段而言具有诸多的优势,但是却不能够完全替代传统的教学手段。例如,多媒体课件在儿童体育教学中的应用能够让体育教学活动更加有声有色、生动形象,但是多媒体课件却始终不可能完全取代教学中任课教师的讲解示范。这是因为,任课教师的讲解示范,虽然不具备多媒体课件的特点,却能够通过人格魅力和富有情趣的语言表达,实现与学生之间的情感沟通,而情感教学的效果,是任何一种多媒体课件都无法在脱离任课教师讲解的情况下做到的。由此可知,现代信息化技术只是辅助儿童体育教学活动的一种手段,在这个过程中,其发挥的是辅助教学的作用,要利用现代信息化技术完全取代传统的教学手段是不可能的,也是不可行的。在实际应用的过程中,任课教师一定要注意正确处理现代信息化技术与传统教学之间的关系。

第三节　信息化技术与儿童体育课程的整合

一、信息化技术与儿童体育课程整合的意义

信息化技术的发展,使电教手段在各科教学中广泛应用。恰当地运用多媒体,既能化难为易、化静为动,变无形为有形、变抽象为具体、生动形象,又能为儿童提供和积

累丰富的感性材料，启迪儿童的思维。同时，声、画、动感的刺激还激发着儿童的学习兴趣，吸引着他们的注意力。一节教育活动中，教师会多次使用信息化技术，然而每一次的使用，是否能发挥出应有的作用，是教师应努力思考和追求的。巧妙地运用信息化技术（这里的巧指设计巧、运用巧、时机巧），可以打造异彩纷呈的体育教学效果，从而更好地帮助儿童感知、理解，获得有益的知识和经验。

在儿童体育课程中通过整合信息化技术，借助信息化技术的优势，可以有效丰富体育教学方法，满足儿童对体育知识学习的个性化需求。通过在体育课程教学中应用微课、慕课、网络精品课程等，一方面有效打破了体育教学受时间、空间限制，儿童可以自由选择学习的时间，即便在课下，儿童也可以利用碎片化时间进行体育课程知识的学习。另一方面儿童教学更加注重的是儿童实践能力的培养，因此通过在儿童体育教学中应用信息化技术，如利用 3D 体育教学动画、动作考评软件等，儿童可以跟随动画进行实时练习，在不理解技术要领与动作要领时，可以选择暂停或重播，在动作考评软件的帮助下，也能够熟悉了解自身动作存在的缺陷，不仅有利于儿童自主学习，更有利于儿童实践能力的培养，最终养成坚持锻炼的好习惯。通过信息化技术与儿童体育课程教学整合，体育课程教学更加开放，更加有利于儿童自主学习，同时还能够激发儿童体育学习的主观能动性，有效达到儿童体育教学质量的目标，同时对于深化儿童体育教学改革、全面推进素质教育具有十分重要的意义。

二、信息化技术与儿童体育课程整合的问题

（一）整合建设形式过于简单化

当下儿童体育教学与信息化技术整合建设主要包含三种形式，一是 CAI（computer aided instruction，计算机辅助教学）课件，二是视频教学，三是网络课程。具体来说，CAI 主要是以各种 PPT 课件为主，可以在多媒体上进行播放，主要内容形式包括文字、图片、短视频等，虽然也是信息化技术教学形式的一种，但交互性较差，难以起到良好的教学效果。视频教学主要借助的是视频录制技术，可上传至网络进行播放。例如，微课便是以视频教学形式为主，而视频教学形式又分为讲授型和演示型两种，讲授型教学注重理论教学，演示型教学注重技术实践教学。网络课程主要借助的是网络技术，通过各种网络教学平台（如直播平台）进行教学资源共享，达到课程教学的目的。

上述这三种形式都是信息化技术与儿童体育教学整合建设形式，但三者相比较而言，CAI 课件最简单便捷，视频教材最为直观，而网络课程才是信息化技术与体育课程教学深度整合形式。从当下学校体育教学与信息化技术整合建设现状来看，很多学校体育课程信息化建设的表现形式仍以 CAI 课件为主，视频教材为辅，网络课程较为稀少。由此我们可以看出，当下儿童体育课程教学与信息化技术整合只是将信息化技术简单用作一种教学手段，不是真正意义上的整合建设，真正实现儿童体育教学与信息化技术完全整合，构建信息化的儿童体育教学环境，对于儿童体育教育来说依然任重而道远。

（二）教学方式与信息化技术整合被忽视

实际上，儿童体育课程与信息化技术整合主要包含两方面：一是课程教学内容与信息化技术整合，二是教学方式与信息化技术整合。前者主要利用图像、音频、短视频等多种方式对内容进行数字化改造，后者则是将课堂教学与网络在线教学相结合，利用网络信息化平台与学生展开良性互动，改变学生获取知识的方式，激发学生自主学习实践能力。

当下学校体育课程与信息化技术整合建设方式上就过于注重教学内容与信息化技术整合，忽略了教学方式与信息化技术整合。究其原因在于，儿童体育教师具备的信息化技术水平有限，难以满足教学方式与信息化技术实现整合建设的要求，在实践教学中无法实现在线教学与课堂教学相结合，这对于儿童体育课程与信息化技术实现全面整合具有一定的阻碍作用。

三、信息化技术与儿童体育课程整合的建议

（一）促进儿童体育教师信息素养提升

体育教师的信息化技术水平对于信息化技术与体育课程教学整合建设具有重要的影响意义，同时也是决定儿童体育课程教学能否实现与信息化技术成功整合的关键因素。实际上，儿童体育课程教学与信息化技术整合对于体育教师信息水平要求并不高，完全在儿童体育教师能力范围之内，主要是当下与体育课程教学相关的网站、网页的主程序制作多由专业人士完成，或者由学校自己自主投资研发并提供平台。因此对于体育教师来说，只需要提供整合建设思路，考虑采取何种教学方式才能实现线上教学与课程教学相辅相成，并进行体育课程教学内容上传，其中有关拍摄技能、教学视频制作技能经过简单的培训也能够很快上手操作。基于此，学校管理者应采取有效方式对体育教师的信息素养进行针对性的培养，确保其能够有效实现相关信息化技术的掌握，能够真正具备深度融合信息技术与课程教学的能力，深入了解信息化技术内涵，自主进行体育课程教学信息资源的开发与应用，从而使儿童体育课程信息化建设表现形式更加丰富，推动儿童体育课程真正实现网络信息化，最终将其建设成为适应时代发展和满足学生需要的在线开放课程。

（二）注重儿童体育教学方式与信息化技术的整合

在儿童体育教学过程中，由于时间有限，学生常常需要在课后对一些新的体育技能、动作进行练习。但是学生在课后练习时，对于新动作的记忆往往已经模糊，并且由于缺乏教师指导，自己并不能确定动作是否规范，从而使儿童体育教学出现课堂动作技术学习与课后练习脱节的问题，对体育教学效果造成不利影响。基于此，需要进一步加大儿童体育课程与信息化技术整合的力度，将课堂教学与在线教学有机结合，实现教学模式

的转变。信息化技术与体育课程教学的深度整合，可以丰富体育教学资源。学生在课后也能够在线观看视频，从而加深对体育动作的记忆。学生甚至还可将自己做的动作录像实时上传给教师，教师在线上即可评价动作是否准确规范，并提出相应的改进建议，这样在下次上课时，教师不再需要花费大量时间帮助学生复习、记忆，可以直接进行新的体育动作教学，从而有效节省课堂时间，使课堂教学效率得到有效提升。

（三）注重儿童体育课程实践性教学

在儿童体育教学过程中应以实践教学为主，而体育课程本身就是一门趋向于实践性教学的学科，因此更需要教师在体育教学中注重实践性教学。基于此，在进行儿童体育课程教学与信息化技术整合建设过程中，应该注重其运动技能学习的特性，提高学生的身体认知，严禁仿照理论课程与信息化技术整合建设模式生搬硬套，应根据儿童体育课程实际特性开展体育教学。在课堂教学视频制作上，除了制作讲授型（注重体育理论知识灌输）教学视频，还应制作演示型（注重体育动作实践性教学）教学视频，演示型教学视频又进一步划分为分解动作教学视频、易错动作的纠正方法视频、不同方位与不同角度的教学示范视频等，供学生学习下载。

第五章　信息化技术与儿童体育教学的管理

第一节　体育信息化与体育管理的良性互动

一、信息在体育管理中的主要作用

（一）信息和体育管理相辅相成

体育管理是通过决策、组织、领导与控制等职能活动，合理配置与优化体育资源，以实现组织既定目标。而信息在体育管理中起着桥梁和纽带的作用，其活动贯穿管理的全过程，是管理职能可以发挥的关键因素。体育管理活动中存在信息流、资金流、人员流和物资流等要素，而信息流在其中起着重要的支配作用，调节着资金、人员和物资的数量、方向与目标，控制其进行有规则、有计划和有目的的运动。管理系统需要依靠高效率信息功能，完成对组织内外信息的收集、传递、处理和利用，只有保证信息流的通畅，才可以使体育管理活动达到最佳的效果。因此，从信息科学角度分析，信息管理是体育组织管理的根本基础，管理过程即为信息过程，两者相辅相成。

（二）信息为体育决策提供依据

体育决策是开展体育活动的前提，直接影响着体育的发展与存亡。社会需求决定了体育活动的开展与否，所以体育决策的合理化和科学化需要以信息为依托，获取更多社会对体育活动的需求信息，及时了解社会需求的市场变化，从而把握好体育决策的方向，掌握市场竞争中的主动权，确保体育决策的可行性与合理性。

（三）信息是体育竞技取胜的关键

现代社会向信息化飞速发展，体育竞争基础已经发生了翻天覆地的变化，科技和信息在其中起着至关重要的作用。只有做好科技研究和获取竞争性的信息，才能增强体育竞技的实力。一方面，在体育经验管理的基础上，建立与完善网络化的管理体系，实现体育、管理和效益之间的良性循环，推动体育的健康可持续发展；另一方面，体育复杂化与多元化的特点，对信息有着强烈的需求。体育竞技需要有目的、有方向地收集和处理信息，并对其进行系统性的研究与智力加工，总结出可以影响体育竞技结果的分析报告，以适应适者生存的市场规律，赢得体育竞技的胜利。

（四）信息为体育走向世界提供保证

体育发展的速度越来越快，国际性比赛与交流日也逐渐增多，而体育信息不断产生和变化，水平与质量也在不断提高。因此，体育要想走向世界、参与国际竞争，需要有良好的国际信息交流渠道，为体育信息的研究和国际交流合作提供平台，实现信息的国际化，这对于推动国家体育发展和进步至关重要。没有体育的信息化发展，就无法实现体育的现代化，而没有体育的现代化，体育信息化的发展就会受到阻碍。所以，体育发展与体育信息化建设互为条件。

二、体育信息化的应用途径

（一）体育场馆方面的应用

随着社会经济的发展和生活节奏的加快，人们越来越注重身体健康，强身健体的愿望愈发迫切，从而使体育场馆建设迎来了蓬勃发展的良机。现代化的体育场馆设施需要应用智能化系统，如楼宇自控系统、检票门禁系统、赛事管理通信系统、竞赛信息系统、办公自动化系统、大屏幕显示系统、电视转播系统、指挥调度系统和新闻发布系统等。这既是现代化体育场馆建设的根本要求，也是保证体育活动和体育赛事有序开展的基础与前提。我国体育场馆设施的智能化建设发展时间短，很多设计单位虽然专业知识丰富，但是没有体育场馆的设计与赛事比赛的常识，而建设单位对体育场馆的智能化技术了解有限，导致体育场馆的布局不合理，各种信息化的体育设备无法满足体育赛事要求，既影响了体育赛事的正常进行，又因为工程返工造成了资源的浪费。因此，在体育场馆的建设中，建设单位、设计单位、赛事主办方和管理部门需要加强彼此间的沟通和商洽，注重体育场馆的信息化建设，才能有效解决场馆布局不合理和信息化设备无法满足赛事要求等问题。

（二）电子政务方面的应用

在国家体育发展建设中，电子政务系统已经开始运行，并且逐步向全国的体育系统进行推广，以后体育信息化建设的重点将主要为电子业务与电子商务等方面的应用，并向如下方面发展：①从上到下开展体育信息化建设，并保证其协调发展；②为企事业单位和体育爱好者提供"一站式"的体育在线服务，将体育信息化建设与社会实际需求充分结合，为体育信息化建设注入发展动力；③电子政务工作的中心将集中在体育信息的采集、分析、开发与利用等方面，以准确可靠和数据翔实的体育信息为体育竞技的最终胜利提供保障；④体育门户网站的职能将逐步从公开体育信息向提供体育信息服务的方向转变，网站职能更为全面和丰富，成为人们了解体育赛事信息和获取体育信息服务的主要平台；⑤网络安全、互联互通、信息共享与信息安全的重要性在体育信息化建设中愈发显现。

（三）赛事管理方面的应用

在赛事管理方面，体育信息化的应用将主要是保证信息更准确快速和安全可靠，技术应用更先进与完善，尤其是电子商务和位置服务等各项技术的应用，将会使体育赛事的管理更规范化和系统化。例如，赛事购票可以通过网络平台迅速完成，避免体育场馆现场购票出现拥挤情况；检票门禁系统更先进，不再需要人工检票，既节约了人力资源，又保证了检票的速度；体育场馆的大屏幕显示系统更先进，不会因为体育场馆较大，观众离现场较远而影响观看的质量；电视转播信号更稳定，可以为电视用户提供高清图像，让用户获取更好的视听体验等。

（四）运动项目管理方面的应用

运动项目管理是体育业务管理的核心，其信息化也是体育信息化发展的重点所在。随着体育的快速发展，我国已经在运动医学、运动力学、流体力学和生物力学等方面取得了一定的成就，很多科研院校已经完善了这一类的仪器设备，并且虚拟宽带技术、多媒体与模式识别技术、仿真技术、多库协同技术、数据挖掘技术和浏览器技术等发展相对成熟。所以，在体育运动项目管理中可以利用先进的仪器设备与信息化技术知识，构建"多级、宽带、递阶、智能化、集散式"的运动项目管理体系，以满足我国体育项目发展和管理的实际需求。同时，运动项目的管理主要包括日常业务的管理与竞技训练的管理两个方面，而后者是体育信息化建设的重点。竞技训练的管理包括选拔与培养合适的竞技人才、制订科学合理的训练计划、做好运动技术的统计分析、准确评估竞技训练的成绩和收集竞技对手的资料档案等内容，其中运动技术的统计分析和竞技训练成绩的评估等都需要多学科的理论知识与信息化技术的支持，从而帮助教练组对训练和竞赛情况进行定量、定性的分析，为提高运动员的竞技成绩提供可靠保证。

（五）教学科研方面的应用

在体育运动的发展建设中，科研院校的作用不容忽视。体育科研院校开展体育教育及教学研究、体育信息研究与运动科学研究等都需要信息化技术的大力支持，并以此为基础向更高的层次发展。因此加快科研院校的信息化建设、完善其信息化环境也非常重要。以体育科研教育为主的信息化技术开发及应用将逐渐成为科研院校信息化发展的重点。

（六）位置服务方面的应用

位置服务是将遥感技术、卫星导航技术和移动通信技术等和地理信息系统融合，为用户提供位置信息的服务。体育领域应用位置服务，可以在赛事管理与休闲健身等需要地理空间信息的方面发挥积极作用。例如，利用位置服务，赛事管理单位可以开展组织指挥、物流管理、交通管理和安全保卫等各项工作，以及为不同人群提供安全便捷的交通路线、比赛信息、赛事票务、无语言障碍、餐饮住宿、旅游购物和卫生医疗等综合性的信息服务。

三、信息化管理对体育教育的重要性

（一）信息化管理能够促进体育教学的创新

现在，我国大部分学校体育教学已经基本上实现信息化，在进行教育信息管理时，体育教师要利用信息化技术对儿童的资料、成绩等方面进行有效管理，从而实现体育教学管理的现代化。此外，学校人才管理主要向柔性化和人性化方面发展，这为体育教学管理的变革与创新奠定基础，体育教学工作者必须充分利用信息化手段，对体育教育体制进行改革并提高管理思想，从而提高管理水平。通过利用信息化手段，能够更好地推动教学管理工作，实现人性化管理。

（二）信息化管理能够提高体育教学的质量

利用信息化手段对体育进行教育管理，推动管理工作的进行，并提高管理水平。通过信息化管理，能够实现财务等方面的管理，减少人力资源的浪费，从而保证体育管理工作的质量与效率。

信息化管理具有信息获取迅速、信息存储量较多等特点，因此能够对体育教学的各方面进行管理。例如，能够对学校中的体育课堂教学内容、儿童考试成绩、课余活动参加情况，甚至是体育竞赛等方面进行信息处理和管理。在举办体育竞赛时，体育教师可以及时对比赛的报名情况、比赛人员编排、成绩录入、排名评定方面进行智能化管理。因此，信息化管理避免了以往体育管理的烦琐，具有高度的智能性。

四、体育信息化、体育管理模式创新的方法

（一）文献资料的管理创新

文献资料是重要信息来源之一，它主要包括儿童的资料信息和学科知识。要想更好地利用这些信息对教学进行管理，教育人员必须掌握信息收集、开发、利用及储存等方法，利用信息的传递性对儿童和教育进行有效的管理。此外，还要以信息传递的速度作为文献资料管理的首要任务，并实现对社会的影响作用。在进行体育教学的过程中，文献资料能够为教育人员进行调查和科研活动提供实质性的辅助，并让教育人员在工作的过程中获得良好效果。因此，体育教育人员一定要对文献资料进行信息化管理，从而提高科研活动的效果。

此外，教学人员还可以利用信息管理系统，对教学资料进行有效的管理、维护、备份，从而实现体育资料的信息化管理及建立数据资料库。

（二）教学课程与内容的信息化管理

体育教学与体育信息化管理的结合很重要，两者有效结合在一起，能够为教师的体

育教学及儿童学习与发展提供有效的平台。除了适应社会发展需求外，体育教师还可以采取相关的措施，利用信息化技术，将体育教学与其他学科的相关知识相结合，让儿童在学习的过程中更能够了解体育教学的相关要素。例如，在进行体育教学的过程中，将人体生理学中的一些观点融入体育学科当中，让儿童更好地理解体育运动对机体产生的作用，通过对人体进行初步的了解，让儿童更加科学地进行体育运动。教师还可以进一步建立教学理论框架，以更好地促进学科的发展。由此看来，在进行体育教学的过程中，教师必须对体育教学内容与课程有客观、深刻的认识，把握体育课程的相关特点，并将其与信息化相结合，从而提高对体育教学的管理水平。

目前，教育人员对体育课程进行信息化管理主要包括教育课程的设计、儿童资料的收集、教师信息化管理的设定、选课方面的处理等。其中，教育信息化管理除了教师单纯对儿童进行知识灌输之外，还包括利用课程内容构建灵活、多变的体育课堂，并让更多儿童参与到教学当中，充分发挥儿童的主体作用，从而让儿童在学习、训练的过程中，更好地对其进行信息管理工作。

（三）师资力量的信息化管理

师资力量的信息化管理主要指的是对教师的相关信息，如教师的工作计划、教师的业绩、教师档案等方面进行管理。例如，在对教师档案进行管理的过程中，信息化管理可以将教师的姓名、性别、专业、院校等信息资料公开。信息管理还能够有效反映教师的教学进度与教学计划，从而对教师的教学情况进行有效监督，避免教学进度过慢、教师失职等情况出现。

（四）教学科研活动中的信息化管理

在体育教学的过程中，信息管理系统的组成除了上述的教师资料管理之外，还包括对教学科研活动进行管理。体育教学科研活动则主要包括对教学的科研工作量进行确认、对科研信息进行有效统计及对科研工作进行填报。科研活动中的信息化管理能够对体育教学人员的科研情况进行信息采集，并进行科研统计，从而有效提高了体育科目科研的质量和效率。对体育教师进行科研活动信息化管理，能有效减少人力资源浪费，实现管理自动化和智能化，并提高了学校体育教学科研项目管理的实施。

（五）儿童成绩的信息化管理

目前大多数学校对儿童成绩已逐步使用系统软件进行管理。对于体育成绩的管理来讲，这样的管理方法能够有效将儿童的体育成绩进行有效分类（理论和技能成绩），通过对成绩进行分类输入，继而有效实现教师对儿童成绩的统计、分析和修改，儿童也可以通过系统对自身的成绩进行查询，有疑问的地方可以及时询问教师。此外，一些学校中对儿童成绩的信息管理进一步深化，从以往单纯对儿童的名字和成绩进行管理之外，转变成对儿童的系别、班级甚至是入学年份等多项信息进行系统管理，有效改变了传统管理的复杂累赘，使对儿童的管理变得更加细致、明确，并减轻了学校工作人员的负担，提高了他们的工作效率。关于儿童体育成绩管理，要做到以下几个方面：①按照系统的要求输入儿童信息和基本情况；②体育教师要熟悉运用管理系统，对儿童信息进行最基本的查询和打印工作；③要求教师能够将课程设计方案及课程的相关信息进行录入，并随时查询或打印；④要求体育教师能熟悉操作，输入儿童对应的班级信息；⑤根据实际情况将儿童的信息、成绩进行及时修改。

（六）体育资源的网络化管理

北京奥运会上"数字奥运"的提出，对学校体育信息化管理有着重要的作用，并在一定程度上促进了体育资源、信息资源的开发与利用。利用网络对体育资源进行信息化管理，不仅可以提高管理效率，还能够有效实现体育信息资源的共享，从而不断优化体育教学配置。这便是体育资源的网络化管理。

体育资源的网络化管理在学校管理中具有重大意义，它能够实现体育教师和儿童之间的互动，甚至能够与其他学校的教学进行互相借鉴和参考，从而为教学和学习提供了良好的平台。儿童可以通过网络化管理，对资源进行下载并进行自主性学习，教师可以通过网络化管理，与其他学校分享、借鉴教学成果，从而不断提高自身的教育水平。

例如，某学院在举办了排球比赛之后，可以将比赛的过程以影像的形式上传到网络上，让儿童在正常的学习之余，还能够在网络上观看学校的比赛，从而增加趣味性。又如，某学院在开展羽毛球课程之后，教师可以在网络上共享羽毛球发球、挥拍等教学视频资料，还可以将教学课件上传分享。让儿童在学习之余，还能够通过视频教学更好地了解羽毛球的动作技巧，并通过不断实践找出自身动作存在的问题，从而有效提高技术水平。

五、体育管理体制变革对体育信息化的影响

体育信息化建设也融于体育管理体制变革发展进程之中。原有的体育管理的制度体系及运行模式存在诸多不利于体育信息化发展的因素，如果不进行体育管理体制的变革，体育信息化也难有更多发展空间。二者是相辅相成、辩证统一的互动关系。

（一）体育管理者理念革新有助于启动体育信息化进程

进行体育信息化建设，其难点并不在于技术的引进，最大的阻力来自体育管理者的观念，尤其是高层体育管理者的观念。对江苏省实施体育信息化急需解决的问题进行调研发现：在技术、经费、发展环境、相关政策及领导重视程度等因素选择中，认为领导重视程度直接影响体育管理部门信息化建设进程的选择频次最高，超过50%。

其他几个相关要素也和领导观念存在直接关系，只有领导重视，才会拥有一定的经费预算，才会投入人力、财力进行信息化建设，也只有领导支持，才会引进或培训信息化技术人才，进行信息化建设任务。信息环境的改善及信息政策的制定，离开了部门主管领导的支持，一般情况下也难以进行。进行体育信息化建设，首先就是要进行体育管理者观念的变革，对领导层进行培训和教育，带他们参观信息化建设成功的单位，宣传信息化在提高管理绩效方面的作用，使他们从观念上认可信息化的必要性，并通过学习掌握一定的信息化技术应用知识，这样才能使本单位的信息化建设走向前台。

（二）体育管理从业人员的素质结构变革加速推进信息化进程

有人说，21世纪的文盲标准不是不识字，而是不懂如何使用计算机。2001年，联合国重新定义的21世纪的文盲标准为：第一类，不能读书识字的人，这是传统意义上的文盲；第二类，不能识别现代社会符号的人；第三类，不能使用计算机进行学习、交流和管理的人。后两类被认为是功能型文盲，他们虽然受过教育，但在现代科技常识方面，却往往如"文盲"般贫乏。截至2019年6月，国内手机网民数量已达到8.47亿，较2018年年底增加2984万人，手机移动网民整体比例达99.1%，较2018年年底提升0.5个百分点。中国使用台式电脑、笔记本电脑及平板电脑上网的比例分别为46.2%、36.1%和28.3%。体育管理从业人员信息素质欠缺，尤其是利用现代信息化技术获取、整理、传递、分析、应用能力的不足，对体育信息化建设造成非常不利的影响，导致信息设备闲置或利用率不高，开发的计算机应用信息系统得不到有效利用，甚至得不到承认。因此，更新体育管理人员的素质结构，尤其是强化信息素质教育，是体育管理信息化事业有效推进的重要前提。

（三）体育管理制度体系变革有利于营造信息化建设的制度环境

推进体育信息化建设，需要营造有利的信息环境。信息环境又称信息生态，泛指与人类信息活动有关的一切自然、社会因素的总和，是人类生存的基本社会环境。在体育管理制度体系中，体育信息政策、法规体系的建设是薄弱环节。体育信息政策与法规体系指为了保证体育信息活动的有序性，由相关部门制定的一系列文件、规章、制度、法规、条例等的通称。体育信息是社会信息的一部分，受宏观社会信息政策、法规的制约，如通信法、版权法、著作权法、专利法、知识产权保护条例、信息化技术推广条例等对相应的体育信息都有约束性。但由于受意识、观念及我国宏观信息政策、法规滞后的影响，体育信息政策、法规体系建设滞后性更加明显，在国家体育总局颁布的上百条体育政策法规中，和体育信息有直接联系的非常少，对体育无形资产的开发与保护、体育信息的规范传播等缺乏有效约束。2002年，《奥林匹克标志保护条例》出台，显示出体育决策层的体育信息法规意识有所增强。在北京奥运会的影响下，我国在体育信息政策、法规体系建设方面有了较大改进。体育信息政策、法规体系的建设是完善体育管理制度体系的重要内容，也是体育管理信息化建设的重要保证。

（四）体育管理机构的变革对体育信息化的影响

信息化的发展促进了体育管理机构的变革，包括机构精简、人员缩减、扁平化、网络化等趋势，反过来说，也只有进行这些变革，才能促进体育信息化的发展。传统体育管理机构体系中，机构众多，层级分明，信息只能按规定通道进行传输，下级只是被动执行上级指示，没有权力参与决策，一级组织只对上级组织负责，横向组织之间基本上不进行信息往来。在这种机构体系及运行模式下，信息的灵活性、共享性等特征难以发挥效应。由于权力集中于少数高层组织，基层组织的工作人员不参与信息建设，信息敏感度较低，也没有积极性去学习相关信息知识，培养信息化技术的应用能力。在这种氛围中，进行体育信息化建设是非常被动的。即使划拨了经费、配备了计算机、加入了互联网，下级组织也只是被动地接受来自上层的指令，由传统纸质文件变成了电子文件，除速度有所加快外，其他方面没有太大的改进。因此只有实现真正的机构变革，才能推动和优化信息化建设进程。

（五）体育管理权力的变革提升信息分析利用水平

一方面，体育信息化建设有利于促进体育管理权力的分散化；另一方面，体育管理权力的变革也是体育信息化发展的重要条件。各类相关体育组织只有具备了一定的决策权，才会主动积极地去搜集相关信息，寻求与其他体育组织的合作互动；具备主动利用信息的能力，才会有意识地重视信息化建设，进行信息投资、购买信息设备、培训信息人才等。

第二节　体育教学档案的信息化

一、体育档案信息化管理的含义

所谓体育档案管理的信息化，就是把体育教育教学、管理中的纸质文档通过扫描、录入计算机数据库中，用计算机存储档案信息。体育档案的信息化管理，能够使检索快捷方便，容易实时同步备份，存储空间小，维护方便、安全，保存时间长，不会因为物理原因受到破坏而不能使用，成本小，既经济又方便。体育档案管理的信息化是体育教育教学质量提高和计算机技术、通信技术、网络技术和多媒体技术飞速发展的必然要求，体育档案管理的信息化促进了体育事业跨越式发展。

二、信息化体育档案管理现状

（一）体育档案管理意识薄弱

学校档案管理一般比较重视文书档案、会计档案、人事管理档案、科技档案等，对体育档案管理重视不够。一是学校在体育档案管理上投入的人力、物力、财力不足，使体育档案管理缺乏必要的资金、专职的管理人员及专门的体育档案管理库房，无法进行正常的体育档案管理活动；二是专业教师的体育档案资料的积累意识不够。他们将在体育工作活动中形成的文件资料长期占为已有，影响到体育档案的收集。同时，由于个人的保管意识缺乏，甚至出现重要的文件记录丢失的现象，影响到体育档案资料收集的完整性。

（二）体育档案管理工作流程不规范

较为规范的档案管理工作内容有八项：收集、整理、保管、检索、提供利用、编研、鉴定和统计登记。除鉴定和统计登记之外的六项工作基本构成一个流程性的工作过程。其中收集是档案管理的基础，整理是核心，保管是条件，检索是桥梁，提供利用是档案管理的目的，编研是将档案信息主动开发提供给社会利用。从现行的体育档案管理工作流程来看，存在着很多不规范之处。例如，在体育档案收集上，没有一个统一的归档收集制度，档案资料收集自主性较大，且不同的学校之间标准也不统一。从实际情况看，学校体育档案主要记载历年来主要大型运动会的情况，包括报名、项目、名次、参赛人总数和记录；参加省市级运动竞赛获得的锦旗、奖状和奖杯等，其他类别的体育档案资料较少。目前，绝大多数儿童服务的体育档案资料较少，这种学校体育档案资料的偏向性很容易导致体育整体工作的偏向性。

此外，在体育档案整理中的分类标准不一致，使体育档案资料的交流难度增大。在体育档案的提供利用和编研上，也缺乏主动性与积极性，提供利用的服务意识不强。

（三）体育档案管理的信息化水平较低

档案信息化是以网络、计算机、信息化技术为手段，以档案资源为对象，以档案工作为依托，以档案管理学最新理论为指导，按照信息社会和国家档案行政管理部门的要求，开展档案收集、整理、保管、开发和利用的现代化管理过程，由此可见在档案信息化过程中必须具备设备、技术、人员。目前，体育档案管理的信息化水平较低，主要表现为：一是学校管理者对体育档案的重视程度不够，使体育档案在管理过程中无法得到必要的费用，无法具备信息化建设发展中的设备；二是学校的管理者是否具有体育档案信息化管理的意识也是制约体育档案信息化的一个因素；三是体育档案管理人员的非专业化。学校体育档案管理中有的没有专门的管理人员，多为兼职人员。由于管理人员自身能力的限制，体育档案管理仍处于传统手工操作方式的建档、管档，你查我找，一套案卷目录供检索的被动服务管理层面不具备对体育档案主动进行信息化建设与管理的意识与技术。体育档案管理上存在的问题，使体育档案无法发挥其在学校体育工作中应有的作用。因此，探索建立规范科学的体育档案管理平台，推动体育档案建设是急需解决的问题。

三、构建体育档案管理的平台

（一）开展体育档案重要性的宣传活动

"意识决定行为"，为了提高体育档案的管理意识，体育档案管理部门应采用多种形式，加大宣传力度，提高保管意识。在宣传中可以通过报纸、图书等出版物发表体育档案的全部或部分原文，通过电台、电视台播放档案的全部或部分原文。此外，还可以采用举办体育档案的专题展览、散发或张贴体育档案复制件、在公开场合宣读、出版发行档案史料等方式来扩大体育档案的影响。通过多种方式宣传，让学校的管理者、专业教师及社会大众认识到体育档案的巨大价值，意识到体育档案保管的必要性与迫切性，为科学、规范的体育档案管理提供很好的意识氛围。

（二）加大对体育档案管理的投入

1. 配备专门的体育档案管理人员

目前学校体育档案管理人员多是非专业化的档案管理人员，缺乏专业知识、专业能力与主动服务的意识，这制约了体育档案管理。体育档案管理人员，一是要具备系统的档案管理知识与管理技能，能熟练、规范操作体育档案的八项工作内容；二是适应现代化技术的发展要求，管理者应掌握一定的计算机技术，具备有一定的信息素养，有信息意识、信息管理能力和前瞻预见能力，成为具有深厚的知识背景，能够掌握新知识、新技术、新技能的复合型人才。

2. 提供体育档案管理的专门库房与相关设备

库房是存放档案的空间场所。在目前的学校中，有档案资料的学校在保管中一般都是与办公室合二为一，人与档案共处一室。这样的状况导致体育档案的防火、防潮、防光、防尘等日常管理工作无法保证，更无法将档案库房的温度控制在 $14\sim20\,^{\circ}\mathrm{C}$，湿度控制在 $50\%\sim65\%$，不利于体育档案资料的长久保存。库房必须是正规的建筑物，必须坚固，其门、窗应有较好的封闭性；库房应远离火源、水源及污染源。此外，在库房中应具备必要的存放档案的柜架，一般多使用密集型活动档案柜（也称密集架）。在设备中还应配备去湿机、加湿器、通风设备、防火报警设备、装订复印设备等便于开展日常工作的保管设备及一些消耗品。

3. 提供必要的体育档案管理经费

经费是体育档案管理的基础，应该作为学校经费预算的一部分。确保一定的经费投入，才能使体育档案管理中需要的物质设备得到保障，才能保证体育档案信息化建设目标得以实现。档案信息化基础设施建设包括网络基础设施建设、网络数据库系统建设、数据存储与数据备份系统建设。只有必要的经费投入才能使经过整理的、有序化的体育档案有存储、保管空间，才能使推动体育档案的信息化建设成为可能。

（三）规范体育档案的管理流程

1. 健全体育档案的收集制度

体育档案的收集是体育档案的管理基础。体育档案应收集什么？什么时间收集？收集的要求及收集的手续没有一个明确的规定。健全的体育档案的收集制度即体育档案归档制度包括体育档案的归档范围、体育档案的归档时间、体育档案的归档案卷质量要求、体育档案的归档手续四个要素。在健全体育档案的收集制度的同时，要考虑到在体育档案产生的电子文件的收集归档，采用电子文件与纸质文件双套归档制度。

2. 规范体育档案的整理过程

体育档案的整理是体育档案管理的核心。档案的整理是用科学的方法把处于无序化的体育档案文件有序化的过程。体育档案整理过程中，采用什么样的分类方法？运用什么样的方法处理档案资料跨部门的问题？这需要有规范的统一标准。在体育档案的分类方法选择上，一般可以采用年度、问题、保管期限三种方法。各学校可以根据具体档案数量的多少，有针对性地选择对应的分类方法来组合，形成自己的复式分类法，在此基础上制订出适合自己的体育档案分类方案。

3. 注重体育档案的保管

体育档案的保管是体育档案管理的中间环节，保管的目的是维护整理好档案资料的秩序，延长档案的使用寿命，为体育档案信息开发利用打下基础。体育档案的保管不容忽视。在体育档案的保管中应具备的要素有管理人员、设备及经费的投入。其中设备、经费是体育档案保管的前提，管理人员是体育档案保管的关键。

4. 加大体育档案信息开发利用

保管档案的主要目的是满足利用。受到传统的"重藏轻用"档案管理思想的影响，体育档案的开发利用力度不大，只是停留在被动的"你要我查"的方式上，没有把体育档案的潜在价值最大限度地发挥出来。因此，要广开思路，可以采用主动出击的方式，如举办体育档案展览与陈列服务、编辑体育档案文件汇编、编写体育档案参考资料等方式，满足利用者对体育档案利用的需求。在检索工具的编制上，要结合科技发展与时代的要求，把计算机检索方式逐步引入体育档案信息开发中来。

四、体育档案信息化管理的作用

（一）有效提高体育课程教学效果

1. 满足体育教学中教学资源的需求

传统的体育教学方法注重教师的教学主体地位，对儿童的参与积极性缺乏应有的鼓励方式。体育档案的信息化系统是一个开放性、共享的资源库，可以满足教师对教学资源的需求。在教学中，教师可以引用已有的大量数字资源，对数字档案进行查询、下载、打印及开发利用。通过现代化的教学手段，可以对复杂的技术动作进行慢镜头分解、分布展示，这样即可从容不迫地讲解各个分解动作的要领，儿童在学习中可以精确地把握技术动作要领，教学效果会更好。

2. 满足儿童对体育知识探索的需求

体育教学是体育知识的传授，更是体育意识的培养。传统的体育档案管理模式限制了体育档案资源的提供利用，遏制了儿童对体育知识探索的需求。基于网络的体育档案的信息化系统是一个开放性、共享的资源平台，儿童可以利用局域网、办公网和互联网等网络系统实现对知识的探索。儿童在学习中对于感兴趣的体育资料可以利用提供的资源平台，按照自己的需求进行检索。通过自己的学习弥补课堂知识、技能的不足。这种交互式自主学习方式，能够真正达到培养儿童体育意识的教学目标。

（二）推动体育科研的深入发展

体育科研可以创新、充实教学内容，提高教学质量；培养教师综合素质；深化、活化教学过程，培养儿童的终身体育能力和创新精神；促进专业建设、教材建设和科研工作并有利于开展学术交流活动。体育教师担负着培养国家体育后备人才的重任。近年来，随着体育科技的迅速发展，教师在教学中要把最新的体育知识传授给儿童，要求教师具有一定的学科学术水平，教师要做到站在体育科研的前沿。在体育科研中，大量第一手的体育原始记录是开展体育科研的前提与基础，如在开展体育心理学、运动生理学体育教育研究项目时，在教学中形成的原始档案是研究的基础和必不可少的要件。体育档案的信息化建设使学校体育档案管理规范化，为体育科研的深入发展提供了基础平台。

（三）推动体育工作决策的科学性

信息管理系统能够支持各类档案的多种检索方法，同时提供全文检索功能，而且能对各种类型的档案按照工作需求进行强大的信息整理、报表分析，在此基础上可以建立起适应体育管理决策需要的辅助决策管理系统，为领导决策提供预警信息和发挥较强的辅助作用。例如，体育档案信息管理系统可以为运动员综合素质分析、成绩评估、体育课程设置、体育教师队伍评估、体育教育资源配置等各种管理活动提供强有力的决策依据。体育档案的信息化建设推动体育决策的科学性。

第三节　信息化教学平台的研究与设计

一、信息化教学平台的研究与设计发展

自 20 世纪 90 年代以来，世界各国都在加快教育现代化的步伐，教育信息化、数字化程度的高低已成为当今世界衡量一个国家综合国力的重要标志，体育教学作为教学的一个不可或缺的组成部分，其信息化建设也逐步受到重视。《国家中长期教育改革和发展规划纲要（2010—2020 年）》提出，要大力加快我国教育信息化进程，到 2020 年，基本建成覆盖城乡各级各类学校的教育信息化体系，促进教育内容、教学手段和教学方法现代化。高等学校体育教学工作是学校教育工作的重要组成部分，体育信息化的发展

也必将影响到学校信息化的发展。2007年，共青团中央决定在全国各级各类学校中广泛开展"阳光体育活动"。随着"阳光体育活动"的开展，其他形式的体育活动随之增多，体育活动的管理、组织、人员安排、器材管理等工作变得异常困难。从以上可以看出，建设学校体育信息化教学平台，加快学校体育教学管理信息化进程，促进学校体育教学管理标准化、规范化工作势在必行。

二、信息化教学平台的研究与设计现状

随着教育信息化和数字化校园建设进程的推进，关于学校体育信息化教学平台的研究也越来越多，且有很多研究成果。刘守燕（2010）设计的体育教学智能管理系统采用现代高新微电子技术、智能IC卡技术、数据库技术、网络技术等，将体育教学从传统教师的分散管理转向体育部门的系统管理，从单纯的目标定性或过程定量管理转向综合管理，从而避免教师管理尺度和内容不统一现象的出现，摆脱了定量不足、定性有余的缺陷，从实质上加强了管理的水平，提高了管理的效率。陈旸和高铁民（2010）根据学校体育信息化目标，从系统开发的角度，用UML（unifide modeling language，统一建模语言）对学校体育信息管理系统进行功能分析与设计，主要功能模块有体育场地管理、体育设备管理、体育教学管理、体育科研管理、图书资料管理、运动竞赛管理、系统设置管理等。李维华根据体育教学的特点，设计并实现了基于计算机网络技术的体育教学辅助管理系统，该系统主要包括教学资源下载功能、在线答疑功能、网上考试功能、学习功能、系统管理功能等。该系统采用三级结构模式，即Browser/Server/DBMS的结构模式，运用瘦客户端的机制，将系统划分成交互界面、服务端支撑及数据库管理三个部分。

目前，国内很多学校已经建立了一些体育教学信息化平台。武汉大学体育部建立的体育中心管理信息系统将信息处理技术和体育中心管理思路相结合，提出构建基于J2EE的体育中心管理信息系统，实现体育中心的信息发布、资源管理、赛事管理和办公自动化等功能。

西南大学体育学院开发的教师教育创新平台数字化辅助资源平台主要包括体育教学视频、经典体育系列、体育教学资源下载、西南地区优质课程视频等模块，满足了儿童对体育教学资源的使用需求。哈尔滨工程大学体育组研发的数字化体育信息平台主要包括体育信息管理平台、体育教学视频点播平台、在线学习交流平台三个子平台。该平台涉及管理、教学、服务体系，既有网络信息服务、课程资源、健康测试软硬件设施，又有组织实施方法体系等。依托此平台，构建了"一体化"阳光体育课堂，开展体育课多媒体同步辅助教学，课外自主多媒体学练、网络自主学习、在线交流学习等。

三、体育信息化教学平台的总体设计

（一）平台技术架构

目前的网络连接模式中，普遍使用的主要是B/S模式和C/S模式。随着网络技术的

发展，B/S 模式较 C/S 模式显示出很强的优越性，B/S 模式的应用也越来越广泛。B/S 模式的主要优势主要表现在其开发和维护成本较低、数据实时性较强、对用户硬件要求较低、较好的扩展性、灵活性强等方面。由于 B/S 模式优势明显，许多学校体育信息化教学平台采用 B/S 模式进行系统架构。平台采用三层体系架构，分别为应用层、逻辑层和数据层。

（二）平台总体结构

根据学校开展的体育教学活动来看，其在教学内容、教学场所、教学形式等方面具有和其他学科不一样的特殊性。体育信息化教学平台针对学校体育教学管理、教学资源和阳光体育方面的要求，设计了学校体育教学管理子平台、体育教学资源子平台、阳光体育活动管理子平台。

1. 体育教学管理子平台系统结构及功能介绍

体育成绩管理模块能够按照体育成绩的组成及其所占比例对体育成绩进行自动计分，提高了计算的准确性；还可以根据具体的要求进行数据统计分析，导出统计数据表格。考勤管理模块主要是记录儿童的考勤情况，自动记录儿童的出勤情况和参加课外锻炼的信息，将考勤情况作为儿童体育成绩的一部分和健康测试的奖惩项目。选课管理模块可以实现多种选课模式，选课时可以全面了解课程信息、教师介绍、考试成绩组成等信息，还可以打印各种选课报表。教师评价模块主要实现儿童对教师教学工作的评价功能，实现评价统计客观公正。在线理论考试模块可以帮助儿童进行体育理论课的考试，实现无纸化考试，而且可以实现自动阅卷、即时得分等功能，实现体育考试的客观公正。竞赛管理模块主要指由各个单位、组织所举办的体育赛事，可以实现网上报名、查看竞赛流程等相关信息。代表队管理模块主要可以实现代表队员注册、考勤等功能，记录训练装备采购、使用情况等。运动会管理模块可以实现网上报名、项目人员随机分组，记录各种比赛信息，查询并统计个人、团体的总成绩等功能。

2. 体育教学资源子平台系统结构及功能介绍

精品课程模块主要包括学校体育精品课程的视频、资料等资源，视频资源库和课件资源库主要包括教师上课所需要的视频、课件等资源，网络资源库主要包括网络上的视频、课件、网站等体育教学资源，互动平台的功能主要是加强师生之间的学习交流。

通过学校体育教学资源子平台，教师可以把所授课程的教学资源，如教学视频、教学课件、相关网站等资源共享给儿童，供儿童在线学习，儿童还可以根据需要下载相关的教学资源进行学习，而且该平台可以为教师授课提供广泛的教学资源，不同任课教师之间也可以进行教学资源交流。通过互动平台，教师与教师之间、教师与儿童之间、儿童与儿童之间可以进行知识交流，相互讨论、相互学习。

3. 阳光体育活动管理子平台系统结构及功能介绍

体能测试模块主要公布体能测试的时间、地点等通知，该模块还可以记录儿童参加体能测试的成绩，并根据体能测试情况开出运动处方，提供最佳的运动、生活方案。阳光体育活动模块主要公布学校现已开展的一些阳光体育活动的相关信息及锻炼方法、注意事项等。

（三）平台开发技术

体育信息化教学平台主要在 Windows 操作系统上运行，开发语言拟采用 PHP（hypertext preprocessor，超文本预处理语言）开发语言，后台数据库采用 MySQL 数据库，服务器采用 Apache 服务器。采取以上开发技术主要是由其优越性所决定的。PHP语言较其他开发语言具有很多的优势，如良好的安全性、跨平台特性、易学性、执行速度快、开源而且免费性等。PHP 几乎只用来做网站，是建立网站用得最多的开发语言。据统计，三分之二的大型网站是采用 PHP 开发，五分之四左右的小型网站是采用 PHP开发的。MySQL 数据库是多关系型数据库，它是一个开放源码且完全免费，运行速度快、多线程、多用户，而且可以在多平台上运行，是建立数据库驱动和动态网站的最佳数据库，而且 PHP、MySQL 和 Apache 服务器是开发动态网站的最佳组合。基于以上优势和原因，体育信息化教学平台拟采用 Apache+PHP+MySQL 组合进行开发。

四、体育信息化教学平台的研究意义

（一）加强学校信息化建设，推进教育信息化进程

高等学校体育教学工作是学校教育工作的重要组成部分，其信息化程度的高低直接影响到学校信息化建设。学校体育信息化平台的建设能够提高学校体育工作的信息化程度，从而促进了学校信息化建设，推进教育信息化进程。

（二）提高管理部门运作效率，加快体育教育改革

学校体育教学各项工作都能够在体育教学管理子平台上完成，不仅为教师节省了时间和精力，而且使教师能够更好地完成教学工作，从而提高体育教学管理部门的工作效率，加快学校体育教育的改革步伐。

（三）扩大学校体育教学规模，提高体育教学资源利用率

体育信息化教学平台与传统体育教学模式相结合，并借助现代信息化技术手段，突破了时空的限制，使儿童随时学习成为可能，这在一定程度上扩大了学校体育的教学规模。儿童在课余时间通过访问教学资源子平台，根据自己的需要、能力和兴趣下载和观看所需的体育教学资源，指导自己进行体育锻炼和学习，提高了教学资源的利用率。

（四）推进阳光体育活动的开展，提高阳光体育活动的质量

通过阳光体育活动子平台，可以充分调动儿童参与课内外体育活动的积极性，推进了学校阳光体育活动的开展，提高了阳光体育活动的质量，有效增强儿童体质，使儿童掌握科学锻炼身体的基础知识和基本技能，养成良好的体育锻炼习惯，为终身体育打下坚实基础。

第四节　体育网络自主系统的设计与实现

一、体育网络自主系统教学平台的构建

（一）理论依据与意义

目前美国、英国等发达国家都开展了网络教育，体育教学现代化是社会信息化发展的必然趋势。在体育教学中应用网络教育技术是体育教学现代化的一个重要标志，体育网络化或网络体育也将是体育现代化的鲜明标志。开发网络体育资源的教育作用，应用网络教育技术的自身优势提高体育教学质量，优化教学管理，已成为实现体育教学现代化的一个发展方向。学校体育工作者对现代教育技术环境下，体育课程资源的整合与创新、体育学习模式与方法的改进等方面进行了积极的探索，推进学校体育教学改革的不断深化。在学校教育体系中，学校体育学时比例多，覆盖学习内容广，是颇受儿童欢迎的必修课程，也是一项实践性和参与性极强的教与学的双边活动。网络教学平台的构建，有利于发挥网络教育的优势，拓展体育课程的学习时间和空间，为儿童提供丰富的体育学习资源；促进体育学习方式的转变，利用超链接、数据库和图文声像等网络技术，激发儿童的学习积极性，使儿童的学习具有自主性、协作性和探究性特征；推进学校体育自主学习环境的建立，为儿童个性化学习提供支持服务，使儿童系统地接受体育与健康知识教育，掌握科学的健身方法与技能，促进身心健康发展，提高综合素质水平。

（二）系统结构与功能

网络教学平台包括课程内容、学习资源、交流平台和测评系统等模块，以简洁清晰、整合资源、注重互动及多媒体的运用为宗旨，便于儿童根据需要自主选择学习内容。其功能如下。

1）课程内容模块由理论和实践两部分组成，是网络教学平台的主体，提供完整而优化的教学内容。理论篇包括学校体育概念、体能与健康及奥林匹克运动等，为儿童体育与健康知识的学习提供重点指导。实践篇包括三大球、三小球、武术、健美操、游泳等十几项比较常见和普及的运动项目，为儿童运动技术与技能的学习提供图文并茂的电子文档和影像学习资源。

2）学习资源模块由四部分组成。一是体育保健：掌握必要的体育卫生保健知识，增强儿童的自我保健能力。二是体育健身：掌握科学的健身锻炼知识和实用的健身锻炼手段与方法，全面发展儿童的体能。三是体育休闲：介绍各类体育休闲娱乐项目，激发儿童的学习兴趣，拓展体育健身手段与方法。四是体育信息：分类列举体育类技术术语与相关体育网站，方便儿童搜索各类体育信息，拓宽儿童的体育文化知识面。

3）交流平台模块应用 BBS 论坛技术，设置网上讨论答疑功能，为师生合作、探究式教学活动的开展提供了体育教学时空，有助于教师通过实时与异时交互进行答疑辅导，解决儿童体育学习中遇到的问题。

4）测评系统模块由两部分组成。体育理论知识在线测试题型为判断题和选择题，以标准化试题形式为儿童理解与掌握体育与健康知识提供无纸化自我测试平台，及时检查学习效果。实践项目测评标准包括各项运动技能评价标准，便于儿童有针对性地学习体育技术与技能，并进行自我评价。

（三）构建方法与流程

在体育学科专家的指导下，完成网络教学平台系统功能的总体设计，以及脚本的制作、文本素材的搜集、文字的录入与编辑等工作。扫描来自教材、书刊的图像素材并以 JPG 格式压缩存储，运用 Photoshop 和 Fireworks 等软件进行图像制作与处理。培训示范人员（相关体育教师与高水平运动员等），聘请专职教师拍摄示范人员的技术动作，在非线性编辑系统上进行视频图像、解说、字幕等合成编辑，并存储为 AVI 格式。运用多媒体技术将影像素材转成 WMV 格式，实现在网络上的播放，完成影像素材的制作。体育教师与教育技术人员合作，采用 Microsoft SQL server 数据库、ASP（active server page，动态服务器页面）技术及 Dream weaver MX 网页开发软件等把各种素材在中文互联网操作系统平台上进行整合。经过多次修改与测试运行，借助校园网实现学校体育网络化教学。

二、体育教学网络系统需求分析

（一）必要性

受传统教学模式时空局限性的影响，体育教学活动往往存在实践性不强、师生沟通少等缺陷。和传统教学模式相比，体育教学网络系统具有如下几点优势：①网络资源共享性；②较强的交互性；③学习自主性；④教学形式的多样性；⑤适合新教学模式。

（二）可行性

就体育教学网络系统来讲，其可行性可从如下几点展开分析。

1. 经济上的可行性分析

对体育教学网络系统展开经济可行性分析，发现其设计和应用在学校经济承受范围之内，有利于提升体育教学质量和体育教学效率。由此可见，体育教学网络系统在经济上有一定的可行性。

2．技术上的可行性分析

体育教学网络系统的技术可行性分析主要是针对目前技术支持下能否完成系统开发的可行性分析。目前的体育教学网络系统主要有 Web Server、Browser、DBMS Sever 三种，基于 ASP 技术进行动态网站制作，ADO（active data objects，ActiveX 数据对象）技术提供给用户连接数据库的功能和创建应用程序的功能。由此可见，关于体育教学网络系统的开发已比较完善，硬件设备容量大、安全性高、成本少，在技术上有一定的可行性。

3．管理上的可行性分析

就体育教学网络系统而言，其设计和应用得到了校领导和学校教务管理人员的认可和支持，管理制度和管理手段比较完善，为体育教学网络系统的实施提供了重要的制度保障。

4．物质上的可行性分析

就国内大多数的学校而言，校内网网速快、计算机多、设备性能高，满足儿童计算机的整体需求，为体育教学网络系统的设计和应用奠定了物质基础。

（三）需求分析

从用户需求来讲，体育教学网络系统对体育教学有一定的辅助作用。以用户需求为基础，体育教学网络系统的设计应遵循以下几点原则：①强调教学内容和教学目标原则；②信息化设计原则；③坚持儿童为主体的原则。

1．功能需求

体育教学网络系统也属于一种网络教学，所以该系统也要具备如下几种功能：①符合儿童的参与需求；②网络教学内容有一定的价值性；③师生沟通交流的交互性；④具有一定的实践意义。

2．性能需求

每个儿童的学习能力和知识基础都是不同的，其学习需求也有所差异，难以全部从传统教学课堂中得到满足。体育网络教学系统提供给儿童体育课之外的学习平台，儿童可利用课外时间来弥补课堂学习的不足之处，同时体育老师可通过该系统给予儿童实时的体育指导和建议，加强体育教学的效果，提高儿童的体质健康。一般而言，体育教学网络系统要符合以下性能需求：①实现教学资源的共享；②师生沟通交流的实时性；

③查询考试评价标准的功能；④自主学习的功能；⑤系统管理功能。

三、体育教学网络系统的设计

当前，很多网络公司已经开始开发手机客户端移动教学系统，从而将学习、工作、生活等相互结合起来，大大提高学校网络教学不同角色的运行效率。而在网络教学方面，学校也进行了很多尝试，如通过开发基于 PC 端的网络教学新平台，让学生通过 PC 即可上网学习。但是随着这种 PC 端系统的应用，人们发现，这种网络学习现在时间和地点方面还是会受到限制。而随着移动智能时代的到来，人们获取信息的方式也开始转变，传统的通过 PC 终端获取信息的渠道开始转入到通过移动智能手机的方式。

（一）总体设计

一般而言，移动网络教学系统的所有功能都是通过智能手机端和服务器的交互功能实现的。其中，数据库服务器主要负责维护系统有关数据和信息，网络连接则实现了服务器和移动学习客户端的交互功能，教师、学生或者系统管理人员在智能手机移动客户端上向服务器发出指令请求，数据库服务器接收指令后进行数据检索和输出操作，反馈给儿童、教师、管理人员所需的数据信息。

（二）功能需求分析

设计一款移动教学系统。学生只需要安装移动教学系统客户端即可进行相关的功能操作，并通过手机移动网络或者 WI-FI 等无线网络即可完成与后台服务器的交互。同时，通过该系统满足学生基本的在线学习、交流等需求，满足教师辅助教学和课程管理的工作。

课堂管理需求。对于学校来讲，其涉及大量的课程信息。因此，对于教师来讲，通过移动教学系统，可以将相关的课程信息、教学内容上传到系统，从而方便教师管理。而除信息管理以外，还必须对与课程内容相关的，如学生信息、考勤信息、成绩信息、教学通知、教案管理等进行管理。学生信息：在每学期开课之前，任课教师会根据学生的情况，将学生的基本信息录入到课程系统之中，包括姓名、班级、学号、专业等。而为了提高录入的效率，通常可以将这些信息导入。同时，在录入学生信息过程中，会涉及学生的爱好、相关课程等信息，从而加强教师对学生的了解。考勤信息：在课程管理中，一个非常重要的内容就是对学生平时的考勤进行管理，从而让学生在网上就可以查询到每学期自己迟到、缺席的次数、时间。而通过这种管理方式，也大大提高了教师管理的效率，增强了学生管理的透明度。成绩信息：对移动教学来讲，成绩是其管理的一个重要方面，也是展示教学成果的途径。因此，教师可以根据教学的需要，将学生课程考试成绩信息记录下来，如平时课堂表现得分、期末考试成绩得分等，然后将其上传到系统，让学生了解自己平时的学习成果。教学通知：主要发布相关的有关课程教学的信息、考试通知等，从而方便学生及时了解。教案管理：方便教师对课程的管理，包括教学目的、方法、时间具体内容。

在线学习需求。通过移动教学系统，可以让学生方便和快捷地对相关的课程进行学习，并可实时与教师沟通相关的课程问题，及时解答课程学习中存在的疑问，提高自身的学习效率。

系统管理需求。系统管理员需要对系统的数据进行维护、备份等，并对系统的角色进行分配，从而保障系统的运行。

（三）系统设计

移动教学系统主要由客户端、网络通信和服务器三个部分构成。其中，服务器负责对教学信息进行保存；教师、学生和管理员通过互联网、WI-FI 无线网络接入到学习平台服务器，并通过平台对逻辑业务进行分配。管理员主要负责对教学信息、系统信息等进行发布，同时对个人使用权限进行分配；教师主要对学生信息、学生考勤、学习成绩、在线测试题、教学内容等进行管理，从而完成对学生教学的移动管理。通信部分主要依托互联网、无线网、4G、5G 等，学生和老师都可以通过移动手机与系统进行交互，最终达到让教师和学生进行互动。

移动教学系统的技术架构布局采用 C/S+MVC 架构进行布局。其中，客户端教学网络系统主要基于采用的操作系统是 PC 端 Windows、MAC 操作系统和移动端 Android、IOS 系统进行开发，服务器端主要利用 Java 语言进行开发，并通过 Web Service 接口进行连接。

系统主要分为用户管理、课程管理、资源管理、学习进度管理等几个部分。课程信息管理：该部分主要是教师使用。教师登录到系统后，会弹出课程信息表，对课程信息进行保存之后，上传到服务器。而对教师而言，其主要可以进行删除、查询、修改和添加等操作。信息查询：教师和学生都可以通过该模块对信息查询，其中学生可以对自己的考勤、平时表现得分、期末成绩等进行查询。而教师则可以查询学生基本信息、成绩等。在该模块中，服务器通过 XML 语言进行解析，然后将数据展示给用户。资源管理：对教学课件、试题测试资料等进行管理，方便学生通过学习及时进行测试，对所学的知识点进行纠正。在主界面中，学生只需要通过授课界面，然后单击菜单按钮，输入相应的课程名字，即可完成对资源的查看、播放等功能。

四、体育教学网络系统的实现

（一）数据库构建

移动教学系统的数据实体为：班级（包含班级编号、名称、专业编号、班级人数等）、学生（包含学生学号、姓名、班级编号等）、教师（包含教师编号、姓名、学历、院系编号、职位等）和课程（课程编号、名称、授课教师编号、教室编号等）。因此，系统的主要数据表分别为班级、学生、教师和课程信息。

（二）功能的实现

教学系统的功能包含了注册登录（注册和登录）、通知公告（选课和查看通知信息）、课程信息、教学资源、答疑互动、作业（查看和提交作业）以及考试（考试预约与监管）共七大模块。

注册登录模块，主要负责实现学生新用户的注册（包括用户名、邮箱、密码等个人信息的输入）和已注册用户的登录功能。新用户经审核通过后即可进行登录操作，验证成功即可进入教学系统。

通知公告模块，主要负责实现教学动态的发布和学生按需选课的功能。值得注意的是，该模块还整合了移动终端平台与网络教学平台，能够实现双平台的消息互通及同步更新，从而使教师、学生能够及时了解课程最新动态。此外，教学动态发布功能中还提供了历史动态消息的浏览。

课程信息模块，主要负责实现所选课程信息的查看功能，方便学生了解已选课程的相关教学计划和进度安排，从而根据自身情况灵活调整学习与复习工作。

教学资源模块，主要负责实现教学材料（音频、视频、课件等）的展示和点播功能，从而为学生提供个性化的学习方式。此外，该模块还具有较高的可扩展性，能够进行定期维护与更新。

答疑互动模块，主要负责实现学生和教师的互动功能，包括学生提问与教师解答，方便教师了解学生的学习进度及学习过程中所遇到的问题。

作业模块，主要负责实现学生查看并提交作业的功能。学生在查看并完成教师布置的作业后，可将作业进行提交供教师批改；老师可根据作业完成情况，对共性问题进行讲解。

考试模块，主要负责实现考试预约和监管功能。学生可根据自身情况对思政考试时间进行预约，预约成功后，可及时查看考试时间和地点。此外，该模块还具备网上模拟考试功能，帮助学生提前熟悉考试题型。

第六章　信息化技术与儿童体育教学的环境

第一节　网络云环境与儿童体育教学

一、云计算的定义和特点

云计算是一种可调用的虚拟化的资源池，这些资源池可根据负载动态重新配置，达到最优化使用的目的。用户和服务提供商事先约定服务等级协议，采用付费模式或免费模式使用服务。

云计算可通过虚拟化技术，对存储、计算、内存、网络等资源按用户需求动态地分配。用户可随时随地根据实际需求，快速弹性地请求和购买服务资源，扩展处理能力。用户可以使用各种客户端软件，通过网络调用云计算资源。服务资源的使用可以被监控、报告给用户和服务提供商。自动检测失效节点，通过数据的冗余能够继续正常工作，提供高质量的服务，达到服务等级协议（service level agreement，SLA）要求。

云计算技术就像我们日常使用的自来水。在没有自来水技术之前，人们通过打井取水，自给自足，水的质量和供应得不到保障。自来水平台的介入，将这种落后的方式进行了升级，实现水资源的按需分配。如果将自来水系统比作云计算平台，那么家家户户安装的水龙头就是我们使用的平板电脑、手机等移动数据终端，自来水管道就是传输数据的万维网，而自来水厂则是云端服务器，自来水去污、净化、输送等一系列处理过程就类似于云计算。目前我国的学校体育仍然处于"打井取水"的状态，儿童想要科学系统地学习体育知识并对自身素质、技能进行评价，只有通过体育课程这一途径，儿童的需求得不到保障。如同自来水系统对于水资源的配置效率的提升，云计算的介入也能够对体育教学的资源配置进行大幅的优化。

二、云环境实践过程中存在的问题

云环境中存储空间无限扩展、硬件成本低廉、资源访问便捷、数据存储安全等特征很好地解决了协作学习大规模应用过程中面临的海量资源存储、多用户的高速并发和快速协同、移动终端的接入和数据安全等技术瓶颈。目前云环境下的协作学习方案主要是基于 Google Sites 和百会等平台进行开发，开发过程简单，速度快，使用方便。但是在实际应用过程中存在以下问题。

1. 以教师为中心

当前系统中忽视了对教师角色的设计，教师依然是学习过程的中心，而在云环境下的协作学习方案中教师应该只充当引导者、监督者的角色，其他交给学习者和系统即可。

2. 学习资源繁杂

鉴于云环境强大的处理能力和无限扩展的存储能力，学习资源势必越来越多，学习者很难快速选择到适合自己学习偏好的资源。

3. 评价机制单一

当前的云环境下，协作学习方案中评价机制主要包括学习者自评、互评及教师评价，采用同一标准，考核内容相同。而对于不同的学习者而言，其知识背景不同，期望的学习目标也不相同。

4. 忽视数据安全

现有的协作学习方案忽视了数据安全的设计，将数据安全完全交付给在线协作平台处理，但是云环境本身就存在大量的安全隐患。

现有的基于云服务的协作学习方案只是简单地利用云平台进行教学资源存储，协作学习过程并未做任何优化和改善。本书提出一种基于五层结构的协作学习方案，充分利用云环境的存储和计算能力，对传统的协作学习过程进行优化，提高学习者的学习效率，同时减轻了教师的工作量，使教师更轻松地胜任引导者和监督者。

三、体育教育云对学校体育的价值

（一）管理价值

通过云计算的技术，信息的交互和数据的传递更加方便，用户可以在任何时间、任何地点通过手中的移动终端与云端同步并获取有用的信息或进行相关的操作。从课程的管理层面出发，信息可以畅通迅速地在师生与管理者之间传送，课堂模式就不用局限于现在的单一教学，班级划分也可以超脱目前以行政班进行体育教学的模式。通过云端系统，可以将身体素质相近的学生分在一起上课，不必顾忌不方便管理之类的问题，从而真正达到因材施教，提高体育课程的教学效率。

在课外活动管理方面，利用移动终端与云的沟通，可以有效地对儿童的锻炼情况进行监督，在减轻教师负担的同时提高监督效率，自动化智能程度高。在体育成绩评价管理方面，体育教育云能够从多方面对儿童进行量化的评价。评价指标更加精确，评价内容更加丰富，评价结果更加公平。利用云计算平台带来的信息便利性和实效性将实现更加全面的新型管理模式，从而改变目前体育模式中的不足之处，既要培养儿童的身体素质基础，也要培养儿童的体育能力和体育兴趣；既要注意因材施教、区别对待，也要通过云计算平台的自动化运作减轻教师的负担。

（二）教育价值

如果说云计算带给管理层面的优势是信息交互的优化和量化，那么其带给教育教学层面的优势就是数据传递的高效和便捷。传统上体育教育和运动训练是有区分的。运动训练以获得优异的比赛成绩为目的，不考虑相对较大的运动负荷和运动强度。另外，运动训练投入的师资、物资相对较多，而受益的学生少，但师生之间的反馈充分，针对性强，因此学生的体育成绩提高得相对较快。在云的介入下，体育教育也可以得到有针对性的教学和训练等，从而在提高教学效率的同时节约资源。

通过云的连接，儿童可以向教师提问，甚至还可以发送练习视频向教师请求指导，可以下载学习专业性较强的教材，可以从网络资源中获取自身所需的知识。儿童的学习可以不受时间、地点及内容的限制，相比于传统的学习方式简单高效并且针对性强。云还可以通过对儿童的体质分析，从资源库中找出适合各个儿童的运动项目，制订运动计划，建议运动负荷及强度，甚至为儿童开出运动处方。儿童的情况也通过云及时地反馈给教师，以便教师进行下一步教学计划的安排和制订。在体育教育云的平台，教师与儿童及课内外资源形成一个时时刻刻都存在的课堂，学习资源得到按需分配，儿童的学习效率得到显著提高。

四、云环境下体育学习方案设计

（一）云计算平台设计

云计算平台作为整个系统的基础平台，提供除业务逻辑以外的所有技术支持，包括计算能力、存储能力、网络部署功能、系统稳定性和可扩展性、多终端支持及性能优化等。云环境下协作学习方案的设计，重点关注协作学习在云计算平台上的实现和优化，对于云计算平台本身的实现细节并不关注。Hadoop 是目前应用较多的开源云计算平台，其中对基础设施管理层、资源统一层和云平台层的实现均比较成熟完善，只需要修改相应的配置信息即可完成快速部署。采用 Hadoop 作为基础的云计算平台，并在其上架构 HBase 和 Spark 用以提高协作学习应用中的业务处理和数据管理的性能。对于协作学习应用而言，底层的云计算平台是透明的，只需要关注如何设计业务功能和业务逻辑即可，不需要关注底层的数据存储和查询等操作的具体实现。

（二）体育教学应用设计

学习应用的设计是云环境下协作学习方案设计的核心部分，解决如何在云计算平台上开发部署协作学习应用，以及如何利用云平台的特性优化和完善传统协作学习的功能。在云计算平台设计的基础上，协作学习应用设计主要分为运行维护管理模块、特征管理模块、系统功能模块及终端接入模块的设计。

系统功能模块分为学习过程上的协作学习和学习途径上的移动学习两个主要功能。协作学习包括协作小组的划分、学习任务的制定、学习资源的准备、学习过程的交互及学习效果的评价等流程。自适应分组功能主要是对参与同一课程学习的学习者按照其个人情况划分协作小组。系统根据其统计分析得到的儿童背景信息库进行自适应的分组。通过分析学习日志得到儿童背景信息，主要包括所有学习的课程及考核情况、理论学习深度和进度、实践能力、新概念的接受速度、创新思维能力、组内交互能力、学习时间安排、学习进度跟进、团队领导能力、团队贡献值等。

分级任务定制功能用于辅助教师进行学习目标和学习任务的制定，使学习任务适合不同学习需求的学习者。学习任务从不同维度进行分级，系统从儿童评价中统计任务设置的合理性，在教师制定任务时给出辅助决策。学习资源推荐功能主要负责向学习者推荐适合其自身背景的学习资源。在云环境下教学资源触手可及，包括教材、课件、视频、博客等，系统根据以往学习者对学习资源的评价及资源自身的信息，结合儿童的背景信息和学习任务要求，推荐最适合每个学习者的学习资源。

综合评价功能主要包括学习者自评、学习者互评、教师对学习者的评价、学习者对教师的评价、儿童对学习资源的评价等。学习者自评是学习者对自身学习过程、学习结果和协作小组的评价，学习者互评包括组内的学习者之间相互对学习过程和学习结果的评价及协作小组之间对学习效果的评价。教师对学习者学习过程和效果，以及协作小组的管理和成果进行评价，学习者对教师的分组、指导、答疑、监督等行为进行评价。学习者还需要对学习资源和学习任务进行评价。

学习者的评价内容包括基础的学习能力，如理论学习、实践能力和交互能力等，管理能力如学习效率、学习态度、时间管理能力、创新思维能力等。协作小组的评价主要包括基本的学习环境如归属感、信任感、互惠感和分享感等，以及小组的管理水平，如目标管理、成员管理、任务管理和时间管理等。

对教师的评价主要包括分组的合理性、学习目标和任务的科学性、学习过程中对学习者的引导、答疑和监督等满意度，对学习者和协作小组评价的公正性及其他建议等。对学习资源的评价主要包括知识点覆盖面、课时设置、讲解深度、可读性、适合的终端类型等。对学习任务的评价包括任务设置的科学性、难易程度、考核类型、完成时限、知识点覆盖、理论要求深度、实践要求难度、创新性要求等。

运行维护管理模块主要负责对儿童信息的管理，包括儿童在系统的用户信息和儿童基本情况的维护和更新，教师信息管理主要包括对教师用户信息和基本情况、教学情况等信息的维护和更新，以及对教学资源的存储和更新。

特征管理模块的功能是对儿童背景库、任务信息库特征库、教学资源特征库及评价策略库的获取、存储、更新和维护。特征库的获取主要是通过对学习过程日志进行收集，按照一定的模型进行统计和分析得到。

终端接入模块负责将系统功能通过不同的终端介质，如计算机、智能手机、智能电视等交付给用户使用，保证儿童和教师随时随地都能利用手边的终端连接到系统进行协作学习。利用云计算的性能将数据处理任务集中到云端进行，只在终端进行交互和显示，保证在任意终端上均能高效运行。

第二节　混合式教学网络环境与儿童体育教学

一、混合式教学的提出

2012 年，教育部发布的《教育信息化十年发展规划（2011—2020 年）》强调指出教育信息化的发展要"以教育理念创新为先导，以优质教育资源和信息化学习环境建设为基础，以学习方式和教育模式创新为核心"。在此背景下，借助信息化技术的快速发展，国内外越来越多的学校积极研究、采用和推广混合式教学模式，取得了良好的教学效果，受到师生的广泛欢迎。2009 年，美国教育部公布的《在线学习的实证研究评价：对在线学习元分析与评论》显示，混合学习是最有效的学习方式。混合式教学把传统教学优势和网络信息化教学优势结合起来，既发挥教师教学主导作用，又发挥儿童学习主体作用。近年来，国内外对混合式教学的研究方兴未艾，欧美国家是国际混合学习研究的主体，英国、美国等国家居于研究与应用的领先位置，亚洲国家的研究基础比较薄弱，其中中国等国家发展较快。目前，混合式教学模式与方法、混合式教学环境的构建、混合式教学课程建设等主题是研究的热点。但从发表的研究文献来看，关于体育游戏课的混合式教学研究文献寥寥无几，研究成果匮乏，在实际教学中的运用也已大大落后于诸多理论课程。体育游戏课是一门技能课程，它的突出特点是理论与实践结合紧密，实操性强，与纯理论课程有着较大区别，现有的混合式教学模式无法直接运用到体育游戏课的教学中。因此，积极研究应用体育游戏课混合式教学对进一步提高该课程教学质量具有重要意义，同时也可为其他技能课程提供借鉴。

二、混合式教学的内涵

北京师范大学的何克抗教授是我国最早一批对混合式教学开展研究的先驱。他总结了国外学者关于混合式教学的相关知识，何克抗教授（2017）认为："所谓混合式学习就是要把传统教与学的优势和在线学习的优势结合起来，既要发挥教师引导、启发、监控教学过程的主导作用，又充分体现儿童作为学习认知主体的主动性、积极性与创造性。只有将这二者结合起来，使二者优势互补，才能获得最佳的学习效果。"混合式学习是对与教学相关的教学要素进行选择并优化组合的过程。在教学活动中，混合式教学是教师和儿童将教学方法、模式、策略、技术等要素按照教学的需要娴熟运用的过程。

华南师范大学的李克东教授（2004）认为，混合式教学是指人们在线学习出现问题并进行反思后，出现在教育领域中较为流行的一个术语，其主要思想是通过把面对面教学和在线学习两种学习模式有机地结合，提高教学效果的一种教学方式。

结合国内外相关的文献资料及国内学者对混合式教学研究的现状，对于混合式教学的本质内涵可以理解为：混合式教学是指为了达到教学目标，对一切"教"与"学"中的组成要素进行优化组合的过程，从而达到"教"与"学"的相关成本最优的理论与实践。

三、混合式教学的制约因素

混合式教学是学习理念的一种提升，它改变了儿童的认知方式、学习动机，以及教师的教学设计、教学方法、考核评价方式及角色。关于混合式教学的概念，国内外专家学者提出了各种不同的定义，国内最具权威性的是北京师范大学何克抗教授给出的定义。虽然相关混合式教学的定义有多个不同的版本，但大体上都描述了三个方面的共同特征：一是教学方式或教学传播媒体的组合；二是教学方法的组合；三是在线教学和面对面教学的组合。因此，从混合式教学的特征可以看出，体育游戏课实施混合式教学要获得好的教学效果，需认真研究分析制约混合式教学的主要因素。根据体育游戏课的特点及教学实际情况看，主要影响因素如下。

（一）教学资源

教学资源是用于教育教学过程中帮助师生达到教育目的的一切资源。丰富、实用的教学资源是有效开展体育游戏课混合式教学的基础和保障，利用丰富的教学资源，可以引导儿童进行自主学习和探究式学习，对儿童的学习非常关键。教学资源至少要包含体育游戏课程教材、教学大纲、教学进度、考核大纲、教案、课件、导学方案、复习题库及参考答案、参考书目、音频视频资料等，并上传至网络教学平台，方便儿童学习使用。

（二）教师与儿童角色定位

在体育游戏课传统教学模式中，教师在教学中的主导地位非常鲜明，教学过程实际上是以教师为中心来进行的，儿童虽然是学习的主体，但还是被动地接受教师的动作示范、讲解、组织练习，自身学习的积极性、主动性、创造性受到不同程度的抑制。体育动作技能的掌握可分为粗略掌握动作阶段、改进和提高动作阶段、巩固与运用自如阶段。不同阶段教师的教学重点、难点不同，儿童的学习重点、难点也不同，课下师生交流互动少，儿童得不到教师及时指导，严重影响了儿童动作技能的掌握和运用。混合式教学模式可以真正实现教师主导、儿童主体的角色定位，使教师和儿童的地位更加平等，激发儿童学习的动力。特别是课下通过网络教学平台可以实现师生线上实时交流互动，教师能对儿童的学习作出及时指导，提高儿童的学习效率，更加符合体育技能学习规律。这不仅提高了儿童学习的主体地位，还发挥了教师的主导地位。

（三）教学目标

在体育游戏课传统教学模式中，教学活动是围绕教学目标来开展的，混合式教学模式也不例外，教学活动也要以教学目标为导向。在体育游戏课传统教学模式中，教师主要以传授体育游戏技能为主，忽视了儿童学习兴趣、专业能力与素质的培养，造成了运动技能与应用能力、综合素质的脱节。在混合式教学模式下，教师需要根据课程的特点分析学情、教学内容、教学情境等，对体育游戏课的体育专业知识、能力、素质三个方面的教学目标进行重新研究与设计，重点解决能力与素质培养的薄弱环节，以便发挥混合式教学的优势，提升教学效果。

（四）教学内容

在体育游戏课传统教学模式中，以教学目标为引领，制定课程标准、教学大纲、教学进度等，教学内容明确地体现在课程标准、教学大纲、教学进度中，教师要严格执行教学大纲与进度。教师对此了如指掌，儿童对此却并不十分清楚，上课时只能按照教师安排的内容被动地进行学习。所以，在混合式教学中，教师首先要梳理哪些教学内容适合于传统教学，哪些教学内容适合于线上教学，以便做到传统教学与信息化教学的有机融合。根据体育游戏课的教学目标，教学内容可分为基础理论知识、技术技能、社会适应三大类。基础理论知识类包括体育游戏课理论知识及相关学科基础理论知识，主要是让儿童学习与提高理论水平与素养，更好地指导技术技能的掌握与运用。技术技能类主要是让儿童巩固提高田径、体操、篮球、足球、排球、网球、乒乓球、健美操、武术等项目的动作技术技巧、体育课堂常规、队列队形、口令、语言表达、体育教学与训练环节、组织教法设计、竞赛组织与裁判等，此部分为教学重点与难点。社会适应类主要是通过观摩教师授课、翻转课堂、小组合作学习等培养儿童良好的职业道德、行为规范、合作精神、气质和形象及交流沟通的能力。这三类教学内容中，要把教师信息、课程介绍、课程标准、教学大纲、考核大纲、评价方式、教学进度、相关理论知识、教学课件、示范讲解视频、学习指导书等上传至网络教学平台，以方便儿童利用碎片化时间进行在线学习。

（五）教学方法

体育游戏课传统教学方法主要是示范法、讲解法、练习法、指导与纠正法等，师生面对面完成教学过程。教师通过标准的动作示范给儿童提供直观的动作概念，通过讲解让儿童了解和掌握动作要领、技术要点、教学重点与难点、易犯错误及纠正方法等；儿童在教师组织指导下进行练习，及时纠正错误，经过粗略掌握动作、改进和提高动作、巩固与运用自如三个阶段，实现对技术技能的掌握。但课下，师生缺乏交流互动，教师无法给予儿童及时指导，儿童学习积极性不高，致使儿童对技术技能的掌握不扎实。而在混合式教学模式下，除传统的教学方法外，借助网络教学平台，课前环节可以安排儿童运用小组合作、研讨式学习方法,课中环节采用案例式、实践式、讨论式、翻转课堂等方法进行教学,课后环节可以灵活运用调查问卷、作业、学习总结与反馈、辅导与答疑、观看教学视频自主学习等方法,实现技术技能教学的课内课外、线上线下一体化教学,解决了传统教学中课外师生沟通互动不畅的问题,大大提高了儿童学习的积极性、主动性和创造性。这样可以实现传统教学与信息化教学有机的衔接与融合,使教师对儿童的学习情况更加了解,使儿童对教学重点、难点的把握更加准确,从而提高了教学效果。

（六）评价方式

教学评价是依据教学目标对教学过程及结果进行价值判断并为教学决策服务的活动,是对教学活动现实的或潜在的价值做出判断的过程。体育游戏课传统评价方式主要是根据课程考核大纲规定的考核内容与标准对儿童的技术技能进行评价,一般包括课堂表现（注重于儿童的出勤情况,权重为10%）、技术技能结课考试（权重为90%）两个部分,这种评价方式是典型的终结性评价,它忽视了儿童学习的个体差异与社会适应评价,致使评价结果无法准确体现儿童的学习过程和对课程的总体掌握情况,在一定程度上偏离了课程教学目标和评价功能,影响了儿童学习的积极性。混合式教学的评价方式采用形成性评价与终结性评价相结合的评价体系,不再"一考定终身",更加注重对儿童学习的过程进行评价,引导儿童充分利用课外时间进行碎片化学习,培养儿童良好的学习习惯,改变以往临近考试形成性评价主要包括课堂表现（不再只注重于儿童出勤情况,还考虑儿童在课堂上的真实表现）、自主学习情况（包括课前学习、作业完成、课后总结等）、线上师生交流互动情况（通过网络平台统计得出）、翻转课堂四部分,终结性评价即课程结束后的结课考试（包括技能、理论）。实际操作中可根据教学目标和儿童学习情况对评价内容和权重进行适当调整。

四、混合式教学模式构建与验证

（一）模式构建

教学模式是指在一定教学思想或教学理论指导下建立起来的、较为固定的教学活动构架和活动程序。作为结构框架,突出了教学模式从宏观上把握教学活动整体及各要素之间内部的关系和功能,作为活动程序则突出了教学模式的有序性和可操作性。体育游戏课混合式教学模式的构建是在教育信息化背景下,参考混合式教学相关理论,结合体育游戏课理论与实践结合更紧密、实操性更强的特点,构建起基于网络信息化的课内课外、线上线下有机融合的混合式教学模式。它可以实现儿童利用网络教学平台课前自主学习,课中教师检查课前学习情况、讲授、点评,儿童进行技术技能练习、翻转课堂,课后总结、反馈与改进等教学过程的有机融合,打破传统教学中时空的局限性,利用丰富的信息化教学资源,实现传统教学与信息化教学的优势互补,进一步提高教学效果。

具体的教学活动构架和活动程序,根据教学过程可分为:①课前环节,儿童利用网络资源自主学习，如遇问题可通过网络教学平台请教师及时辅导答疑；②课中环节，教师检查儿童课前学习情况，利用案例式、研讨式等教学方法进行讲授、点评，儿童进行技术技能练习、翻转课堂；③课后环节，教师进行教学小结，指出儿童优缺点，提出改进意见与措施，辅导答疑，布置任务，儿童进行总结、反馈与改进。课前、课中、课后三个环节相互联系且有机融合，师生形成闭环式的教学过程，引导儿童充分利用网络资源，进行碎片化学习，有力促进了儿童良好学习习惯的养成。

（二）混合式教学模式的验证

为了验证体育游戏课混合式教学模式的有效性，笔者依托学校网络教学平台，开展混合式教学实践。体育游戏课程的教学目标是：通过教学，儿童了解和掌握体育游戏基本原理、创编原则及方法，通过翻转课堂锻炼提高儿童运用体育游戏的能力及体育教学基本功，培养儿童合作、创新精神及良好的教态与气质。

1. 课前环节

课前环节，教师对上课儿童进行访谈和问卷调查，了解儿童对体育游戏课程的认识、对混合式教学的了解与支持度、自我判断等信息，根据课程教学目标及混合式教学特点进一步优化教学设计，使教学更具针对性和有效性；充分利用学校网络教学平台，充实体育游戏课教学内容，并引导儿童进行线上自主学习；完善和丰富网络教学平台资料库，将课程介绍、课程标准、教学大纲、考核大纲、教学日历、教师信息、教学视频、课程通知、讨论话题、调查问卷、教学邮箱、课程作业、复习题库等方面的内容上传到网络教学平台。儿童根据教师布置的学习任务，进行自主学习与小组合作学习（每组 4～5人），开展体育课堂常规、徒手操创编及教学、体育游戏创编及教学、教案撰写等练习，徒手操教学视频、教案等在线提交，教师及时查看、批改和指导。儿童遇到问题或困难可随时通过网络教学平台与教师进行交流互动，教师及时给予指导，在此过程中教师通过辅导与答疑可以及时了解儿童的学习情况，便于课中环节有针对性地开展教学。

2. 课中环节

体育课的结构一般分为三个部分，即准备部分、基本部分和结束部分。其中基本部分是重点和难点，更是课堂教学效果好坏的关键，所以在体育游戏课混合式教学过程中组织好基本部分的学习至关重要。在体育游戏课混合式教学的课中环节，准备部分执行课堂常规和准备活动，基本部分完成体育游戏案例教学、儿童翻转课堂和研讨点评，结束部分进行放松活动、课堂小结和布置新的学习任务。

体育游戏课混合式教学过程中基本部分的组织分为三个阶段：一是教师采用案例式教学分类向儿童讲授体育游戏；二是儿童翻转课堂；三是师生针对儿童翻转课堂完成情况进行研讨和点评。在基本部分教学过程中，教师根据体育游戏课程教学大纲的规定共安排十个类型的体育游戏，包括奔跑类游戏、跳跃类游戏、投掷类游戏、体操类游戏、球类游戏、集中注意力类游戏、角斗类游戏、攻防类游戏、攀爬类游戏和综合类游戏，每次课一般会安排一个类型的 3～4 个体育游戏，儿童通过观摩教师示范、讲解、组织练习等，了解和掌握体育游戏基本原理、创编原则、方法及运用。然后教师组织儿童以小组为单位开展翻转课堂，根据课前儿童完成的教案，每位儿童给予 10 分钟时间完成以自己创编的体育游戏为主要内容的完整教学过程，完成后师生针对课堂常规、徒手操教学、队列队形、口令、游戏创编合理性、组织教法、教态、专业术语运用、语言表达、场地器材规划及利用等进行研讨，教师总结点评，明确每位儿童在体育游戏创编与教学、体育教学基本功方面的优缺点，提出意见与措施，让儿童在课下进行练习与改进。下课前教师根据教学完成情况布置新课后学习任务，为下次课翻转课堂做好准备。

3. 课后环节

课堂教学结束后，完成翻转课堂的儿童从小组合作学习（徒手操创编、练习、录制视频与在线提交、体育游戏创编、撰写教案、试讲）、翻转课堂教学实践的优缺点、改进与提高措施三个方面写出课后总结并在线提交，教师及时进行批改与评分，并就其中发现的问题向儿童及时反馈，要求儿童继续进行练习提高。根据教师安排，下一小组儿童再进行前面小组的工作，以此类推，直至儿童全部完成。在此过程中，教师针对翻转课堂学生出现的问题及时在网络教学平台课程讨论区发起话题，要求儿童积极参与讨论、分析，强化知识的理解与正确运用，使儿童对教学重点与难点的把握更加准确，从而提升教学效果。

4. 体育游戏课的评价

从本质上来说，评价的功能应与教育目标一致，即为了更好地促进儿童的发展。因此，体育游戏课混合式教学完成后，评价工作就显得非常关键，这是检验实施混合式教学效果的重要手段。体育游戏课评价采用形成性评价与终结性评价相结合的方式，形成性评价包括课堂表现（权重为10%）、小组合作学习（权重为10%）、线上学习情况（权重为20%）、翻转课堂完成情况（权重为20%）四部分。终结性评价是儿童完成一个以综合性体育游戏为教学内容的完整教学过程，重点考核儿童体育游戏创编与运用、教学基本功掌握情况，教师根据完成情况进行评分（权重为40%）。课程成绩、权重构成可以表示如下:课程总评成绩（100%）=终结性评价成绩（40%）+形成性评价成绩（60%）。形成性评价成绩（60%）=课堂表现（10%）+小组合作学习（10%）+线上学习情况（20%）+翻转课堂完成情况（20%）。体育游戏课混合式教学评价方式增加了形成性评价的内容与权重，可以引导儿童充分利用课外碎片化时间进行学习，有利于儿童良好学习习惯的养成，对儿童的考核变得更加合理有效。由于儿童满意度可用来解释学习者参与学习活动的动机和结果。因此，课程评价工作结束后，在网络教学平台上对儿童进行混合式教学满意度调查。经统计，有 93.75% 的儿童对体育游戏课混合式教学效果感到满意和很满意。

五、多种创新模式在体育教学中的探究

（一）翻转课堂应用到学校体育教学的研究

翻转课堂是对传统教学模式的创新性改革，它打破了传统课堂教学的模式，将儿童的学习放在课前，课上主要进行探讨与思考，课下进行反思与完善。这一教学模式的出现很快引起了教育界的重视，并且在部分城市展开试点工作，并取得了一定效果。而将翻转课堂融入体育教学中的研究并没有进行，其原因是体育自身的特殊性与实践性较强。因此多数学者对于翻转课堂融入体育教学仅仅只是思考其应用到体育教学的价值及翻转课堂教学模式的构建，将其真正付诸实践的少之又少。王国亮、詹建国（2016）提到：将翻转课堂应用到体育教学当中，其模块应分为课前、课中、课后三大模块。课前教师根据教学目标制作微视频、PPT、动画等形式的教学资源，通过新媒体手段发送至儿童，使儿童在课前进行初步学习，并达到初步掌握的状态。多数学者研究更多的只是教学模式的构建，以及预期翻转课堂进入教学实践中所带来的益处。刘海军（2015）认为单一的传统体育教学模式已不能适应社会发展对人才的要求，探索新的教学模式成为教师的首要任务。翻转课堂应用到体育教学实践教学模式的构建，其指出如在背跃式跳高过程中，体育教师在空中无法做出停留的示范动作，更无法直观地讲解过杆时头后仰、挺髋、小腿自然下放等动作。但教师通过提前制作背跃式跳高 Flash 动画，以及制作微视频配以讲解，将这一教学资源提前发送至儿童手中供其提前学习动作技术的重点与难点，课上集中解决儿童的问题及重复练习，课后进行总结与反思。

（二）互联网+融入学校体育教学的研究

国家体育总局发布的《体育产业发展"十三五"规划》积极推进互联网+，鼓励开发以移动互联网技术为支撑的体育服务。互联网+体育教学是响应国家的号召，是对教学模式的创新。体育教师应当掌握互联网的优势并将其应用到体育教学当中，无论是在体育课还是技术课教学上，对于儿童来讲都将是体验新的教学方式，可以吸引儿童的注意力。传统的教学模式已在儿童的脑中形成定式，对于课堂教学儿童并没有太多的兴趣，这就导致了儿童喜欢体育而不喜欢上体育课的现象，因此将互联网优势与体育教学相结合，是需要教师去不断研究的问题。刘松涛、徐亚军（2014）提出在体育技术课教学中，许多技术动作（如投铅球、挺身式跳远、背跃式跳高、健美操、跨栏等）是瞬间完成的，儿童脑中很难形成清晰的理解，但通过互联网技术可以将技术动作进行慢放与回放，供儿童进行反复观看与学习，进而在脑中形成动作表象，提高教师的教学效果。

（三）混合式学习在学校体育教学中的模式构建

混合式学习是指保留传统教学模式的优势同时与新媒体进行结合，形成线上与线下的学习模式。汤攀（2015）指出，体育教师对于技术动作的传授主要是以动作讲解与亲

身示范为主，儿童很难模仿和领悟一些技术性要求较高的项目，通过多媒体技术进行影像的定格与慢放及 Flash 技术的应用可以很好地呈现所要讲述的技术动作，加上教师对重点与难点的讲解，儿童可以对学习体育产生极大的兴趣与爱好。

（四）慕课在学校体育教学中的模式构建

慕课即"大规模在线开放课程"，它是借助信息化技术和开放共享的理念，通过设计优质的在线课程并实施资源共享，促使大众人群可以通过网络进行学习。蒋向华（2016）认为，将慕课融入体育教学实践中首先应根据体育课程的教学内容，选择相应的知识点或者技能点进行独立微课的设计，这也是选题的过程。在选题时，每个单独的慕课应当只包含某个知识点或者技能点，进行独立的设计，这样才能在 10 分钟的慕课中将每个知识点都详细讲解，使儿童可以更好地掌握。如果在慕课中涉及某些特殊的典型问题时，则应当保证问题的完整性与代表性，如在篮球教学过程中，涉及手指拨球的动作，若仅仅依靠教师的示范，儿童并不能完全了解其中要点，如果可以将这个技能点作为一个独立的慕课，就可以将动作分解，并且对其中每个动作要点进行精讲，儿童就可以很好地掌握。

翻转课堂、混合式教学、慕课教学等诸多教学模式的兴起对传统的教学模式产生了巨大的冲击。在"互联网+"背景下，将线上教学与线下教学有机融合是大势所趋。对于传统的体育教学方法和手段，大多数学者都持改革与创新的态度。这些教学模式的构建都有一个共性之处，即在实践教学当中都注重信息化技术的使用，通过保留传统体育教学的某些优势并在技术课的教学中运用信息化技术，使体育实践课变得不再单调，注重对儿童的自主学习能力、实践探究能力、创新性思维的培养，能够有效提升教学效果。

第三节　交互式教学网络环境与儿童体育教学

一、儿童体育交互式教学方法的内涵

交互式教学法最先是应用在语言教学中，强调以儿童为中心，教师通过创设真实自然的语言环境为儿童提供真实有意义的语言材料，使儿童进行有意义的学习。而在学校体育教学中有效地引进和应用交互式教学法具有新的教学意义，是打破传统体育教学模式所造成的僵化局面、有效提高体育教学效率的重要方法。体育交互式教学方法主要是强调儿童的主体性，要求教师按照儿童的身心发展特点与学习规律，在遵循学校体育教学的相关标准和原则的基础上，有效加强师生在知识、精神及情感层面的互动交流，教学相长，促进儿童综合体育素质的提高，并最终实现学校体育教学的目标。

儿童体育交互式的教学方法在具体的应用过程中，通过师生之间的交互影响、生生之间的交互影响及教学理论与实际教学实践之间的交互影响，营造良好的体育教学环境，充分调动儿童进行体育锻炼的积极性与主动性，达到理论与实践的有机统一，并最终保证学校体育教学的良好效果。而儿童交互式教学法也具有三个方面的特征：一是教学环节的双向性。在具体的教学中，充分实现教师与儿童之间的交流互动，发挥两大课堂元素的重要作用，增强体育教学效果。二是教学结构的创造性。交互式教学方法在具体的应用过程中，需要教师不断进行教学结构的创新，采用多种新的教学方法与组织形式，充分发挥儿童的创造性。三是明确的教学目的。体育教学通过对教学内容、组织及教学方法的创新落实交互式教学策略，具有明确的教学目的，即全面、有效地实现体育教学目标。

二、儿童体育交互式教学策略的主要实施途径

（一）教师需要不断更新教学理念

随着时代的不断进步，人民生活水平也在不断提高，人们的运动理念也发生了深刻变化，普遍形成终身体育的理念。儿童体育教师要有指导儿童自学和培养儿童自学能力的专业化能力和技巧。自学能力是决定教育质量的关键。培养儿童的自学能力要求教师在面授过程中贯彻"点到即止"的原则，留给他们充分的思考空间。教师必须掌握先进的教学手段，符合现代网络信息社会对教师应有知识结构提出的要求，提高儿童体育教学效率，适应儿童体育教学模式的转变。而在儿童新课程标准下，儿童体育教学也开始重视将对儿童进行体能锻炼与培养儿童健康意识结合起来，坚持"健康第一"的教学思想的指导。因此，儿童体育交互式教学策略实施需要教师不断更新教学理念，积极树立"以儿童为本"的教学理念，让教为学服务，在锻炼儿童体育技能的同时，激发他们对体育运动的兴趣，培养他们终身体育意识，即发挥他们的自觉主动性，不仅在整个学校学习阶段不间断地进行体育运动，还要尽可能地将这一运动习惯保持终生。所以，体育教师在安排体育课程的时候，要从儿童生活的需求出发，重视对儿童运动参与、运动技能、身体健康、心理健康及社会适应五个层次的发展目标的实施。

（二）合理地进行教学对象的设置和分配

儿童体育交互式教学策略的实施在于师生之间、儿童之间充分的互动交流，因此这一教学方法的实施效果势必与教学对象的人数有很大关联。但是，由于我国现阶段学校体育教学条件比较差，往往一个班的人数在 30 人以上，这就加大了交互式教学策略在学校体育课堂实施的难度，因此需要采取有效的策略积极改善这一现状。这可以从三个方面进行：一是实施男女分班。在体育课堂教学中，男生和女生在体能、技能及兴趣爱好等方面存在很大差异，所以将男女生进行分班教学，可以提高教师因材施教的质量与效率，方便体育交互式教学策略的有效实施。二是小班化教学。在师资及体育设施等教学条件允许的情况下，可以实施体育小班教学，为交互式教学策略的落实创造有利条件，进而提高体育教学质量。三是落实专项体育技能训练班。体育教师可以根据儿童兴趣、

爱好、特长等的不同，对儿童进行分组，对不同的小组进行专项的体育技能训练，如篮球特长班、体操舞蹈班、排球班、武术班等，这样不仅方便教师有针对性地集中对儿童进行专业的技术指导，还可以充分调动儿童的学习积极性，培养儿童自觉主动地进行体育锻炼的良好习惯，不断提高自身的体育综合素质，进一步使儿童形成健康第一、终身体育的良好观念。

（三）灵活地选择多样化的体育课堂组织形式

儿童体育交互式教学策略的实施必须依靠教师通过课堂组织方式实现。交互式教学策略的主要特点就是广泛进行师生之间及儿童之间的互动交流，进行双向的教与学的信息沟通，所以，教师可以通过灵活选择多样化的教学组织形式实现交互式教学策略。首先，教师要积极地创设一个氛围良好的互动情境，调动儿童进行体育运动的主动性。例如，教师可以进行长拳等武术的演练示范，让儿童产生跃跃欲试的冲动，方便之后教学的开展及师生之间的互动；还可以通过比赛等形式，如篮球比赛、排球比赛等，让儿童体验成功的喜悦和相互配合时的默契，进而产生一种被认同、相互关心的归属感，从而更积极主动地进行体育运动。其次，很多体育运动具有群体性，如篮球、排球、足球等，所以教师在讲授这些与运动相关的技巧时，可以对儿童进行分组，让他们进行小组对练、小组比赛等。在这样的训练过程中进行有效的沟通与交流，不仅能够迅速提高儿童的体育技能，还能够培养儿童之间相互协作的良好品质，增强体育课堂教学效果。最后，通过一定的方式加强师生之间的互动。例如，在进行排球比赛时，教师可以和儿童进行轮换比赛，让自己成为儿童群体的一分子，这样可以充分培养儿童的学习模仿能力，比纯语言性质的指导更能让人产生深刻印象。教师也可以及时发现儿童的问题并有效解决，还可以营造一个和谐友好的互动氛围，成功地实施交互式教学策略。

总之，交互式教学策略在学校体育教学中的实施是一个逐渐深入的过程，首先要树立为儿童发展而教学的理念，之后合理地安排和分配教学对象，最重要的是选择多样化的教学方式，这样才可以有效地落实学校体育交互式教学策略。在新课程改革的背景下，学校体育课堂教学急需改革，而交互式教学策略的实施就是对传统体育教学改革的重要突破，可以促进师生之间及生生之间的互动交流，激发儿童的学习潜能及教师的教学潜能，让体育课堂更活跃，最终实现学校体育教学的新目标，提高体育课堂教学效率。

三、交互式电子白板在体育活动中的优势及运用

首先，在儿童体育课堂上合理运用交互式电子白板，将一个个生动的动画形象、一段段美妙动听的音乐近距离地呈现在儿童面前。儿童通过多感官与多媒体的教学模式和环境产生互动，很好地保持着参与活动的兴趣。其次，交互式电子白板转变了以往体育活动中的单一师生关系，有效增强了师生互动、生生互动、儿童与环境的互动，使儿童身临其境。最后，运用交互式电子白板的网络功能和交互功能，儿童可以很好地了解更多更专业的活动信息，他们可以在白板上自主观看专业运动员的动作要领，教师可以通

过截取动作、慢镜头等方式与儿童一起讨论。同时，交互式电子白板也使传统的幻灯片呈现方式变得更加灵活。科学合理地运用交互式电子白板，能够有效突破活动难点，达到师生交流亲切自然、学习气氛平等民主和谐的效果。

（一）创设更具互动性的情境

交互式电子白板能通过互联网方便灵活地运用当下热点体育信息资源，并可对从互联网获得的材料进行现场编辑再生、控制呈现，它使数字化资源的使用更灵活，将儿童熟悉的生活情境和感兴趣的事情生动再现。教师抓住儿童爱讲童话故事、爱看动画片、喜欢在故事情境中游戏玩耍的特点，将童话故事制作成课件，利用交互式电子白板进行展示，可以让儿童在生动活泼的情境之中锻炼身体、学习技能，体验体育的快乐。

（二）多种途径提高儿童兴趣

交互式电子白板是一种将经典的手写板书与现代化多媒体相结合的新型教学手段，相对于传统的教学方式更加具有智能性，能在人—机之间进行有效的转换。它还能完成一般 PPT 无法呈现的动态效果，这对儿童有着更强的吸引力，营造能让儿童接受、更加具有儿童特征的活动氛围，有了兴趣的儿童在这样的体育活动中，能更快地投入，更加强烈地体验这种信息化活动的独特性。有效利用交互式电子白板的特色功能，能够很好地提高儿童的注意力，使儿童保持较浓的兴趣参与到体育活动中。

（三）重难点更好突破

交互白板技术可以实时地在白板上进行文字书写与图形绘画，也可以较好地展示、编辑数字化的图片、视频等素材。在体育活动的技术动作教学环节，交互式电子白板可以把教师难以描述示范的教学内容、儿童难以理解的学习内容通过电子白板多种形式地再现于儿童眼前。教师可通过圈画等形式帮助儿童更好地注意技能的动作要领，实现重难点的突破。

四、学校教学资源交互式平台应用方式

学校教学资源交互式平台较好地体现了"3C-S"模型的开放性特点，借助计算机与信息化的技术与手段，实现了真正的资源共享和平等对话，提升了学校教学资源信息化管理水平，对促进教师专业成长，尤其在青年教师快速融入校本教研文化、形成教学能力方面有重要作用，在一定程度上提高了学校管理效率。

借助学校教学资源交互式平台，在传统的座谈会式教研基础上，衍生出网上教研、移动教研、复合教研等多种基于网络信息化应用的教研方式。

网上教研，利用教学资源交互式平台在线分享、交流，借助高效、便捷的信息化技术手段拓展了资源的价值，提升了资源的开放性。

移动教研，不受时空的限制，教师根据自己的具体时间借力教学资源交互式平台，有效实现多向交流。

复合教研，通过线上线下、正式非正式多种教研方式的交叉与混搭，采取面对面反思及网上反思相结合，减轻了青年教师的顾虑和心理压力，更具有包容性。同时，青年教师与资深教师、幼教专家在网络空间同步讨论、交流，满足了不同个体、不同层次的教师成长需求。

经过实践研究，总结出以下四种基于学校教学资源交互式平台的教研互动应用方式。

（一）阅读互动

通过导读梳理文章的线索与核心价值，打破个体阅读这个封闭的过程，通过文章与教师、教师与教师的互动交流，形成科学的阅读思维与智慧共同体。

（二）教学资源点评

使用者在沿用、借鉴经典教学资源的时候，不是简单地照搬，而是根据自身特点与需要，通过在线商讨和点评教学资源，对教学资源进行适时的调整修订，重组改造，提升教学资源价值。

（三）网络教研沙龙

网络教研沙龙无门槛、无边界，由教师自主发起，教学关注点更加开放多元，不仅能随时记录教师教学碰撞的火花及教育随感，还能共享即时、互动直观。

（四）自主推介教学资源

教师自主选择、自主推介教学资源，自觉成为专业成长的主体。青年教师通过同伴互助相互迁移成长经验，资深教师从青年教师的感悟中找到了引领青年教师成长的关键点，管理人员借助青年教师的反思完善了培育教师成长的思路。这颠覆了过往的被动式管理，引领教师团队从优秀逐步走向卓越。资源点评最能体现教学资源逐级审核、多层次分享的特点。下面以教学活动设计点评为例，说明它的操作流程。教学活动设计点评有六个环节，分别是活动设计提交、班级商议、级组推荐、领导审核、分享与交流、统计与反馈。

第一步：青年教师根据课程安排，撰写教学活动设计，设置好检索指标，按照规定的文件格式在线提交给班主任。

第二步：班主任与青年教师在线商议、调整教学活动设计，青年教师把最终修改过的教学活动设计在线上传。

第三步：年级组长检核班级讨论修改后的教学活动设计，在线推荐给教学负责人审核。

第四步：教学负责人对青年教师的教学活动设计进行最后的审定，在教学资源交互式平台上公开发布。

第五步：全体教师在教学资源交互式平台上，点评分析青年教师的教学活动设计，进行交流互动。

第六步：青年教师利用教学资源交互式平台的统计功能，从评分情况、回复率、阅读率等项目对被点评的教学活动设计进行数据统计，并根据教师们反馈的意见、建议，对教学活动设计再次进行修订。

与传统的教学研讨相比，基于网络的教学资源分享更便捷，参与面更广，研讨交流更深入，更易形成教育对话，不仅促进了不同层次教师间的分享互动、协作学习，而且满足了教师个性化教学资源需求，推动了青年教师的专业发展。

第四节　多媒体网络环境与儿童体育教学

一、多媒体网络体育理论的内涵

教学模式是指在一定的教育思想、教学理论和学习理论指导下，在一定环境中开展的教学活动进程的稳定结构形式。当前学校教学改革的重点是改变传统的以教师为中心的教学模式，建构一种既能发挥教师的主导作用，又能充分体现儿童主体地位的新型教学模式。在信息化时代，体育理论课教学必须克服目前存在的弊端，提高其教学效果。在网络环境下构建新型的体育理论课教学模式势在必行。

什么是网络教学？所谓网络教学，从儿童学的角度来说，就是在线学习，即在教学领域建立网络平台，儿童通过网络进行学习的一种学习方式；从教师教的角度来说，就是教师利用网络平台，引导、组织儿童进行学习。在网络教学环境中，汇集了与教学有关的数据、档案资料、程序、教学软件、兴趣讨论组、新闻组等教学资源，形成了一个高度综合集成的教学资源库，这些教学资源对所有儿童都是开放的。一方面，这些资源可以为成千上万的儿童同时使用，没有任何限制；另一方面，所有儿童都可以发表自己的看法，将自己的资源加入网络资源库中，与他人共享。

建构主义教学理论认为，教学要以儿童为中心，教师在整个教学过程中起组织者、帮助者和促进者的作用，教师利用情境、协作、语言表达（交流）等学习环境要素充分发挥儿童的主动性、积极性和首创精神，使儿童有效地实现对当前所学知识的意义建构。

由此提出网络环境下体育理论课教学模式的设想，主要教学步骤包括提出问题，举出实例，提供信息资源，创设情境，小组讨论、交流，提出对立的观点让儿童辨析。

网络教学模式下，教学设计的总思路应围绕着体育理论课的教学目标展开，在教学策略上以问题为中心，用任务来驱动，在儿童的学习模式上强调自主学习、研究性学习与合作学习，引导儿童自己思考问题，实现自我教育，提高辨别是非的能力，从而实现教学目标；在教学设计中的重点是网络学习资源的设计、教学策略的设计与学习活动的组织设计。

这种模式下，教学中教师的主导行为主要体现在建设主题网站上。主题网站是网络环境下体育理论课教学新模式的标志性产物，体育理论课教师除了在课堂教学中体现主导性外，还必须将其延伸到网络环境中，以消除儿童网上自主教育的盲目性、随意性与自发性。体育理论课网站应包含以下内容：各学科的教学计划、教学大纲、教案和多媒体教学课件和网上专题图书馆、热点透析、专题解答、网络论坛、趣味体育知识、网上咨询等。

网络环境下体育理论课教育教学新模式，融传统的体育理论课的教学模式与网络环境下儿童的自主学习教育模式于一体。它一方面强调体育理论课教师在教学教育过程中的主导性和导向性，另一方面非常重视儿童在整个教学过程中的中心地位和自主学习的精神。这样的教学模式不仅能充分保证体育理论课教学体育知识的方向性、科学性、目的性与计划性，还能较大程度地提高儿童学习的积极性，从而增强体育理论课教学的实效性、针对性。

实现体育理论课的教学任务和教学互动，还必须从以下两个方面加以完善：一是体育理论课教学进网络，开拓新的体育理论课教学领域；二是网络进体育理论课教学，这是创新体育理论课教学机制的内涵。

体育理论课教学进网络，就是把体育理论课的内容在网络上传播，形成强大的宣传攻势，使主流思想始终占据网络信息的主导和支配地位。网络进体育理论课教学，就是指利用网络及多媒体技术创新传统体育理论课教学工作的内容和方式方法，使体育理论课教学得到儿童的广泛认可和欢迎。

二、网络环境中体育教学的特点

随着网络信息化技术的发展，网络技术应用已经成为现代教学技术发展的重点，而体育教学作为各阶段学校教学的组成部分，在学校教学中占据着重要的地位。因此，各个学校的体育教学相关专业也应该紧跟时代发展步伐，在网络技术发展的情况下推动体育教学相关专业的进步。

（一）智能化

在现代的网络环境中，体育教学逐渐趋于智能化，不再单一拘泥于使用教材进行书面教学，而是超越了空间及时间的限制，通过充分利用计算机、电视、多媒体等现代化设备，使体育教学向着智能化不断发展，增加了体育教学中的科学元素，丰富了体育教学的课程内容。因此，在学校的体育教学相关专业应该认识到这一特点，并针对这一特点采取相应措施。

（二）经济性

构建和开展网络环境中的体育课程，要求有网络技术及很多多媒体电子设备为体育网络教学提供硬件支持和软件支持，而这些成本投入比较固定，只要多加维护就可以供全校的师生使用。相较于传统的书面教育模式，网络教育模式的发展会减少学习成本。因此，尽管网络体育教学的初始投入比较大，但是，其人均成本相较于书面教学反而比较低。

（三）广泛性

网络环境能够为体育教学提供更加丰富、可靠、真实的信息，由于网络空间比较开放，减少了传统体育教学中的信息知识限制，可以根据知识的结构规律帮助儿童构建体育知识的结构框架。除此之外，体育网络教学还能够突破空间和时间的局限，也为不同年龄阶段的儿童提供优质的教学服务，满足他们的学习需求，提高了体育教学的开放性、全民性及广泛性，指导更多的人制订合理的健身计划。

三、多媒体网络环境下的体育教学模式

（一）收集多媒体的相关信息和资料

最关键的事情莫过于让儿童能够找到更多的体育知识点，并且能够以最快的速度将这些知识点融会贯通。现在的儿童掌握更多的体育知识及相关知识都是为了将来的学习生活做准备，当然，这要求体育教师不断地挖掘新的知识点和资料，以往具有的学术性知识点都是从相关的书籍上找到的，信息资源非常有限，既不全面，还浪费时间。计算机科学技术的普及让体育教师通过计算机网络获取更多的文本和图片，这使教学内容能够更加丰富和精彩，因此教师可以运用更多的网络信息资源去更好地诠释儿童体育知识。

（二）全面优化课堂教学

体育教师在整个教学过程中运用多媒体网络教学，并且精心准备教学资料，进而让儿童体育知识变得更加系统性。体育教师打破了原来的挂图教学的模式，借助于多媒体教学来展示声文并茂、视频与动画相结合的电子课件，全面地将知识传输给了儿童，通过多媒体辅助教学，体育教学得到了很好的优化，在这种教学模式下，儿童可以获得更多的体育知识，进而每个人的体育水平上了一个新的台阶。

（三）高效轻松的学习方式

体育内容都是需要进行反复记忆的，儿童通常不能够理解需要记忆的知识，即使教师很耐心地解释，也不可能让每个儿童都能够理解其中的道理所在。所以，这就会使儿童的心态变得紧张，只有通过多媒体的网络教学来缓解儿童的心情，才能有效地提高儿童的学习效率和积极性。教师也要改变原来的教学模式，运用合理的教学模式来进行教学，让儿童学得既轻松又高效。

（四）巧用网络，优化教学设计

通过不断地优化教学方法来提高儿童的学习成绩和学习效率。以往传统的教学模式中，体育课堂是单调乏味的，而网络教学模式的引进，让儿童产生了浓厚的学习兴趣，

见证了多媒体教学的魅力所在。网络教学模式主要是通过开阔的视野设计理念来完成教学的，以下就对合理地使用网络教学的设计进行了探讨。

运用情境网络模式来引导儿童开拓思维。要想儿童的思维得到萌动，体育教师必须精心准备新颖的教学内容吸引儿童的注意力，让儿童更有效地掌握基础的体育知识。

运用网络教学，以儿童为中心。要明确教学的目标对象是儿童充分地发挥儿童学习的积极性和主动性，进而让儿童独立地去探索新的知识，根据自己的实际操作情况来对知识进行分析及反馈，让教师更有效地制作一份合理的教学课件来提供良好的方案。

广泛运用多媒体，强调与儿童的交流与协作。教师要想儿童不厌倦这门课程，就必须和儿童之间进行一种有效的沟通，而教师和儿童间的信息交流是一种技术，所以在教学的过程中，体育教师需要精心设计每节课的内容，尽量让儿童在教师的组织和领导下融入学习小组，共同建立一个良好的学习小组环境，通过一起交流讨论学习体育。

（五）运用多媒体改革教学方式

信息化时代飞速发展，教师应该与时俱进，不断地反省和创新自己的教学模式，不断地更新自己的教学方式，同时也需要让儿童看到教师教学方法的改进，让儿童大胆地指出教师在教学过程中存在的问题和弊端。例如，可以在网络教学调查中不采用儿童真实的名字，因为只有这样儿童才能够真正地表达他们自己的看法和评价。

四、网络环境下体育教学模式的运用

（一）构建网络教学平台

网络体育教学是以校园网作为教育技术平台，在校园网中建立体育教学素材库，设置大量体育教学课件及声像视频资料，如田径、球类、健美操、瑜伽、体育健身知识、锻炼方法、体育明星介绍、各项目比赛实况及儿童体能测试统计表等。教师可以适当利用网络资源来完善充实课堂的教学内容，如校园网教学资源不能满足要求，还可进入互联网，以寻求更多的资源或信息，这样极大地丰富了体育教学资源。儿童可以利用课余时间，通过搜索网络体育教育资源，进一步巩固所学知识，使体育学习者和锻炼者能达到最佳的体育知识学习和锻炼效果，为终身体育打下坚实的基础。

（二）网络教学平台的运用

网络环境下进行体育教学，要不断地总结经验，使网络手段更好地为教学服务。因为在体育教学中，如果场地器材欠缺或教师身体状况不佳，教师很难多次展示完美的示范动作，关键技术的某些动作难以分解示范。在田径课教学中，田径技术有着强烈的节奏感和连续性，如背越式跳高过杆技术，跳远的起跳、腾空和落地技术，短跑的起跑技术等。在健美操课的教学中，健美操成套动作技术强度大、节奏快、表现力强，由一连串的单个技术动作构成，每个动作又由不同的方位和不同的身体姿态或不同肌肉用力来完成。在教学训练中一气呵成、一闪而过的动作示范，儿童难以分辨每个动作细节，教师的讲解也难以使儿童获得完整的动作形象记忆，影响儿童正确技术概念的建立和形成。所以，运用网络教学平台能充分发挥媒体的优势，根据动作技术的多变性、复杂性和特定性，创设教学情境——形象直观的交互式学习环境，图、文、声并茂的多重感官综合刺激，对形成儿童认知结构具有重要的作用。通过多媒体技术的仿真示范可将动作表现得淋漓尽致，使儿童对学习的内容产生更形象、更直观的理解，更好地突出教学的重点和难点，使课堂实践教学与网络教学的结合达到完美的效果。

（三）网络环境下的体育教育模式优势

1. 注重儿童学习能力的培养

网络技术的普及为儿童的自主与合作学习创造了有利条件，使自主与合作学习真正成为可能，终身学习成为必然趋势。体育不同于其他学科，体育技能的学习以实践学习为主，主要经过模仿练习、纠正提高、巩固运用等环节。体育集体项目要求儿童具有高度的团队意识，儿童借助网络教学平台进行学习交流，更深刻地了解自己的任务，观看预先录制好的示范动作图解。画面的重复播放，加上课堂上教师的精讲和儿童的多练，达到较好的学习效果。网络环境下教学更加突出了儿童学习的自主性，儿童从被动听讲的接受者转变为主动参与的学习主体，媒体从原来作为教师的演示工具转变为儿童的认知工具。

2. 强调"主导"与"主体"学教并重

"主导"与"主体"学教并重的教学模式，既突出了儿童在教学过程中的主体作用，重视了教师的主导作用，又突出了教师对儿童的引导和调控作用，更体现了以儿童为主体的学习方式，有利于培养儿童的学习能力，充分调动儿童的积极性。在强调儿童的主体作用的同时，不能忽视教师的主导作用，使儿童在教师的调控下对网络资源进行学习。与常规课堂教学策略对比，这种教学模式下的课堂教学虽然减少了教师的示范讲解，但突出了教师的精讲和儿童的多练多悟，有效利用了丰富直观的网络教学资源，促进了儿童运动技能表象快速形成。该教学模式尊重教师在教学过程中的能力发挥，彰显学教并重的教学设计思想。

3. 关注儿童体质健康的变化

统计表明，儿童体质健康水平已呈逐年下降之势，儿童体质健康问题已经成为政府普遍关心与重视的问题。教育部规定学校每年都要对儿童进行一次体能测试，并通过网络上报数据，对在校儿童的体质健康变化进行监测。体育教师应该运用网络这一平台，通过学校公共教学资源平台查询测试结果，掌握儿童的基础健康状况，对儿童体质测试数据进行分析研究，努力掌握儿童体质健康变化的规律，提出针对性的训练指导建议，并结合个体测试结果给予相应的运动处方，为儿童自主锻炼提供科学指导。测试的数据及分析的结果，可以直接服务于教学，为教学改革提供了科学依据。儿童也可以根据各自的身份证和密码登录后即可得到本人基本情况、测试结果、训导建议的三段式评价表格，了解健康体质对生命质量的影响，激发体育锻炼的积极性，建立终身体育的理念。

第七章　信息化技术与儿童体育教学的思考

第一节　信息化儿童体育教学的有效实施

一、体育教学信息化的重要性

信息化体育教学资源集声音、图片、画面、视频为一体，应用于体育教学，可以勾起儿童的求知欲与好奇心，毕竟信息化环境下的体育教学与以往的教学方式相比有很大的差别。以往的教学方式形式较为单一，教学内容相对枯燥，且受场地与体育器材的限制，教师不能将体育运动的动作要领非常清晰、灵活地展现给儿童，这令儿童对体育教学产生悲观、失望情绪和消极心理，降低了对儿童体育学习的兴趣，儿童的身体素质也受到了影响。但信息化的教学可以有效地激发儿童的学习兴趣，利用影像、声音集中学生的注意力，使儿童充分掌握运动的要领。利用信息化技术将无声无影的体育知识变得绘声绘色，减轻了教师的教学负担。因此教师在设计编排课堂内容时，合理运用多媒体，激发儿童的求知欲，提升儿童的运动兴趣，使儿童的身体素质有所提升，同时也带动了体育教育事业的发展。

二、儿童体育教学信息化的有效性

儿童在一个阶段的学习成果视为教学的有效性，体育课程是教学的一部分，随着信息化的发展，信息化技术也融入体育教学中，体育教学信息化的主导力量是教师，教师在一定时间内的教学对儿童产生的影响，如成绩是否提高、身体素质是否有变化等，这是体育教学信息化的有效性。体育教学信息化的对象是儿童，教师通过开展教学活动让儿童获得知识，儿童则通过学习培养正确的学习习惯，这就是教学的有效性。教学的有效性是广大教师追求的目标，在 21 世纪高速发展的今天，如何提高体育教学信息化的有效性是教师钻研的重点。

（一）课程网络化选修

中国的体育事业走向国际化的舞台，随之而来的是体育项目和种类的增多，在中国比较常见的有球类项目（篮球、足球、排球、羽毛球、网球等）、田径类项目（跳远、铅球、100 米跑等）。此外，还有广播体操、武术、跆拳道等。随着科技进步和发展，现阶段很多学校已经开始网上选择课程，从儿童兴趣爱好出发，为达到提高课堂的活跃性和积极性的目的，教师可根据网上选择课程的数据进行课程和教学内容的安排，这样能够有效地提高儿童的学习兴趣，增强学生的体质，这种创新型教学方式既得到了儿童的认可，也有利于学习成绩的提高。而在传统的教学课程中，儿童是没有选择的，课程的项目是教师提前安排好的，这样的教师缺少自主性和活力，导致学生没有积极性，课堂气氛比较低沉。

（二）实行多元化教学

信息化的植入使教学成果有了明显的提高，而传统的体育教学已经不适用 21 世纪的教学，因此多元化教学的实施势在必行，但是如何实施多元化教学呢？

例如，在篮球教学中，根据人数分组，教师可以根据人数将儿童分为三组或者四组，两组人员进行场上挑战赛，剩下的儿童坐在篮球场边缘，由教师进行现场指导与讲解，或是利用多媒体，组织同学观看篮球比赛的视频，教师与儿童一起讨论如何防守和如何进攻。在训练儿童长跑时，可以让儿童排成一排，儿童与儿童之间拉开一些距离，匀速跑动，然后让最后一个儿童奋力奔跑用最短的时间追上第一个儿童，并取代第一个儿童成为排头，以此类推，不仅增加了课堂的趣味性，还提高了儿童的身体素质，也锻炼了儿童的长跑能力。教师在课堂教学中要采用不同的教学方法，充分利用信息资源，提高体育课堂的质量与效率。

（三）实施考教分离政策

当前处在一个信息资源丰富的时代，体育课程考试也不可避免地被信息化。为提高儿童对体育的兴趣及自身身体的健康素质，学校应该实施考教分离政策。以往都是由教师规定考试内容与考试标准，但不同的儿童擅长的项目不同，不能一概而论，这种考试方式在很大程度上打击了儿童的主动性。但现在，儿童可以利用互联网进入学校教育考试网站，根据自己选择的体育项目报考体育考试，进行自由的考试。这样可以使儿童的体育成绩更客观具体，能使儿童全面了解这一学期的运动情况，也方便教师对儿童这一学期的运动情况进行评价与总结。由于是儿童在网上自主选课，教师也可以将每一位儿童的出勤情况与平常的表现记录下来作为儿童的平时成绩，并占总成绩的30%，这样会提高儿童上课的积极性，并对体育教学的发展起到促进作用。

三、信息化儿童体育教学优化策略

（一）手机 App 建立班课

教育教学信息化过程中，出现了各种学习辅助工具，如手机 App、QQ 群、微信群等，但手机 App 是目前使用效果最好的一种方法。例如，在体育课堂教学时，可让儿童下载蓝墨云班课手机 App，教师建立班课，让儿童加入班课。这样体育教师可以发布儿童喜欢的教学视频、图片等资源，儿童能在课前观看学习，待上课时体育教师进行巡回指导。这样能够节省很多时间，而且有的放矢地进行技术指导，从而提高体育课学习效率。

（二）优化体育课程资源

体育课程教学材料包括教学目标、任务还有内容等。随着互联网时代的到来，教师将体育教育与信息化技术整合在一起，从而确立体育课程教学材料的核心思想——"积件"，并利用信息化技术将体育课积件资源库进行交换与分享。当然，在体育教学过程中，教师要懂得灵活多变，针对不同的体育项目与不同的教学对象及实际的教学需求，调用出适当的体育教学材料。为了顺应儿童的学习发展，教师也需要不断将已有的体育教学材料进行变革或创造出全新的体育教学材料。体育课程评测材料主要是对儿童所学的知识、技能与能力进行测评与考核的材料，它不仅包括对儿童基础知识的考查，还包括对儿童技能的熟练程度与能力及课堂表现的评测。教师可以将评测材料作为授课材料与学习材料的一部分，让儿童在指定的教学环节完成教师教学设计的要求。

（三）优化体育教学时间结构

信息环境下的体育教学时间结构优化有许多策略，主要以形成并制定信息化的体育教学概念与目标及课堂的教学结构为主，信息化教学已经成为现代教学的一种形态，它以信息化技术为主，与教育合为一体，将多媒体与信息资源和现代的教学方法融合，构建出一个全新的课堂情境，为儿童创造出一个生动有趣的学习环境。概念形成之后便是目标，信息化的教学不像传统教学那样将儿童学习结果看得那么重要，而是更注重让儿童自己发现学习的意义，从而发现学习的乐趣，信息化教学将儿童从"要我学"过渡到"我要学"。教师要根据教学内容设定好教学结构，将课本知识完美地与多媒体衔接起来，使课堂看起来协调有序。在教学时，教师应注意将运动员的运动动作形象地展现出来，并进行解说，让儿童记住正确的动作要领，以避免在运动场上受伤。

四、儿童体育信息化教学实施路径

（一）课前自学部分

衡量体育教学的有效性，首先需要确定体育教学活动的阶段性目标，并将教学实践结果与之对比。信息化体育教学模式在课前部分的主要任务：创新体育教学视频、课件及参考资料，上传至体育教学平台中供儿童自主进行了解与学习，实现对儿童学习兴趣的激发、对知识内容进行一定程度的掌握等课前目标，进而为后续的课堂教学活动奠定基础。教师首先结合教学目标及儿童认知能力情况对教学内容进行整编，并将教学内容中的难点、教学内容中的重点及教学内容的兴趣点进行提取。通过信息化技术手段将提取后的教学内容制作成为体育教学视频并上传至体育教学平台。教学视频的制作应将视频总用时限定在 10 分钟左右，如果时间过长则难以保证儿童在自学过程中的专注程度。教学视频中教师话语形式应以简明扼要为原则，并适当增加趣味性内容来激发儿童的学习积极性。儿童在课前的自主学习活动中对体育知识内容及体育运动技能进行了一定程度的了解与掌握，进而使教师可以在课堂教学环节中减少理论知识所占用的课时，并使儿童建立起在课堂学习活动中的学习导向，为课堂教学做好铺垫和准备。

（二）课中教学部分

在信息化体育教学模式的课中部分的主要教学目标为：传授体育专业知识、锻炼儿童的体育知识与技能的实践应用能力，培养儿童的团队精神及协作能力等。教师首先应对体育专业知识进行简要讲解，其作用是对儿童的课前自学活动进行总结，同时建立起课堂教学导向。这一部分教学环节不宜用时过长，大概占用总课时的四分之一。因为儿童已经对体育知识与技能的要点有了一定程度的了解，所以教师只要进行概括性总结即可，而对体育知识与技能的巩固与强化，则需要通过体育实践活动来实现。

信息化技术的应用，能够将体育技能的应用原理更加有效地进行呈现。教师可以利用多媒体技术手段对关键技术动作进行慢动作回放、三维呈现、模拟实战演示，进而使儿童能够在感官体验与理性分析当中对知识内涵进行深入了解与掌握。关于一些体育项目的战术内容，教师可以运用模拟模型的形式进行三维展示，并通过一些经典比赛视频的播放来使儿童掌握团队意识的重要性及团队合作的关键技术等。通过信息化教学能够使这些难以用话语表述的教学内容进行准确的呈现，同时儿童也会在自主学习能力的驱动下有效地完成对知识的认知。

（三）课后实践部分

新时期下，体育教学则将教学重点由体育知识传授向体育精神培养与身体素质提升转变，这既是体育教学的总体教学方向，也是体育教学课后实践活动的教学目标。教师可以通过体育教学平台的互动模块对儿童的体育活动进行指导与监督，儿童在遇到体育训练困境时则可以及时地向教师请教。信息化技术使教师与儿童之间在课后继续保持良性沟通，进而使体育教学获得了极大延伸，有效地提升了体育教学的实效性。教师也可以在体育教学平台当中设置体育实践模块，如模式技术动作练习、模拟体育竞赛等。不仅能够提升儿童的训练积极性，还能够使儿童准确掌握体育技术要点。

第二节　信息化儿童体育教学的实施效果

一、信息化儿童体育教学实施的制约因素

虽然信息化教学在学校体育课的运用中能够发挥较好的作用，但在实际运用中却不免存在一些问题制约着其效果的发挥。

（一）学校缺乏体育教学硬件设施，室外课利用率低

在学校体育课的信息化教学中需要使用多种教学设备，而我国很多学校自身的相关教学设备不齐全或不允许使用相关设备进行教学活动，这就造成信息化体育教学的名存实亡。一般来说，在进行学校体育课信息化实践教学时，最好能够使用清晰度较高的摄像机与拍照设备，而在进行相关学校体育课的信息化理论教学时，则需要多媒体设备进行具体的理论讲解，这几点在学校体育课的信息化教学中都是不可或缺的。但在我国一些学校的体育信息化教学中，相关体育教师使用手机拍照、摄像，使用笔记本播放相关理论知识、演示视频的情况却屡见不鲜，这在客观上降低了学校体育课信息化教学的应用效果，值得我们反思。

（二）信息化教育理论同实践存在差异

由于我国体育教学的信息化教学发展时间较短，相关的信息化教学的理论成果发展也较为不完善，具体的体育信息化教学的实践研究也较为稀少，这就使学校体育课信息化教学在具体展开中，往往会面临很多难题，而这些难题往往无法通过相关理论研究与已有实践进行解决，这种情况的出现直接制约着学校体育课信息化教学的相关发展。为了解决这一问题，需要我国相关机构进行信息化体育教学理论的相关研究与相关实践的广泛展开，以此支持具体的学校信息化体育教学的顺利进行。

（三）儿童家长对信息化教学存在误解

由于我国计算机信息化技术发展初期同网络游戏等负面事件牵扯过深，这就在很多儿童家长的内心中产生了一种视计算机信息化技术为洪水猛兽的思想，这种思想的存在对于学校体育课信息化教学模式的运用较为不利。具体来说，由于一些学校儿童家长对于计算机信息化技术的错误认知，很多家长可能会反感甚至制止儿童通过相关设备进行体育知识的相关学习与研究，这种现象的出现将严重影响学校儿童对相关体育技术的研究与咨询的了解，造成信息化体育教学的具体应用呈现"延迟"现象，不能够很好地起到促进学校体育教学效果提高的作用，这点需要相关体育教师予以重视。

二、信息化儿童体育教学实施效果提升策略

（一）完善学校体育教学硬件设施，提高课外教学利用率

针对我国一些学校信息化体育教学中存在的硬件设施缺乏及使用的相关问题，相关学校应通过完善自身学校的体育教学硬件设施，并增强相关设施的利用率的方式予以解决。具体来说，在进行学校体育信息化教学的实践教学中，相关学校体育教师应通过摄像机或专业的拍照设备，对儿童的动作进行拍摄，以此为根据用以提高儿童相关动作的

标准性；而在学校信息化体育教学的理论教学中，相关学校体育教师则需要充分利用多媒体教学设施进行理论教学，为儿童的实践教学展开打好基础，只有这样才能切实提高学校信息化体育教学的教学水平。

（二）提升信息化教学理论与实践的结合程度

针对我国一些学校信息化体育教学中存在的理论与实践差异的问题，相关学校体育教师应通过自身对于学校信息化体育教学的相关研究与开发予以解决。具体来说，相关学校需要为体育教师提供培训深造的平台，提升其自身的学校信息化体育教学能力。而相关学校体育教师则需要在日常的体育教学中，切实地使用信息化教学手段进行相关体育教学的实践，找到最适应儿童的学校信息化体育教学手段，保证体育信息化教学的顺利实施。

（三）降低儿童家长对信息化教学工作的误解

针对我国一些学校信息化体育教学中存在的家长认知问题，相关学校应从自身出发，在进行相关家长会等活动时向儿童家长传达学校信息化体育教学的优势，消除一些学校家长内心深处存在的对于信息化技术的认知误区。此外，在进行相关体育知识的平台共享中，相关学校体育教师需要确保自身上传的资料能够切实起到促进儿童体育知识学习的作用，以此保证家长不会对这一体育信息化教学手段感到反感，杜绝一些家长阻止信息化体育教学进行的实例发生。

第三节　信息化儿童体育教学的现代手段

一、现代化体育教学方法的界定

（一）教育信息化的概念

教育信息化的概念是在 20 世纪 90 年代伴随着信息高速公路的兴建而提出的。随着网络技术的迅速普及，中国自 20 世纪 90 年代末开始，整个社会的发展与信息化技术的关系越来越密切，人们越来越关注信息化技术对社会发展的影响，"社会信息化"的提法开始出现，联系到教育改革和发展，"教育信息化"的提法也开始出现了。"所谓教育信息化是指在国家及教育部门的统一规划和组织下，在教育系统的各个领域全面深入地应用现代信息化技术，加速实现教育现代化的过程。"教育信息化也可以看作是一个追求信息化教育的过程，包括资源全球化、教学个性化、学习自主化、任务合作化、环境虚拟化、管理自动化。其目的可以概括为四个方面：一是促进信息化技术在教育领域的广泛应用，二是推动教育的改革和发展，三是培养适应信息社会要求的创新人才，四是促进教育现代化。

（二）体育教学方法的界定与分类

教育部在《关于深化教学改革，培养适应 21 世纪需要的高质量人才的意见》中指出："改革教学方法是深化教学改革的重要内容，要重视儿童在教学活动中的主体地位，充分调动儿童学习的积极性、主动性和创造性。"目前，学术界对体育教学方法界定与分类有很多，比较有代表性的是北京师范大学毛振明教授（2005），他将体育教法界定为："在体育教学过程中，教师与儿童为实现体育教学目标和完成体育教学任务而有计划地采用的、可以产生教与学相互作用的、具有技术性的教学活动。在教学实践活动中，体育教学方法主要包括教学策略、教学技术和教学手段三个主要的层次。"

二、体育教学中应用现代化教学手段的必要性

首先，由于受到时间和空间等条件的限制，传统的课堂教学越来越不能满足现代教学的需要。体育项目中的各项技术需要协作配合，教师无法在现场演示一些多人配合的场面和效果，况且受到客观因素的影响，每位教师的能力和水平都有着较大的差别，对儿童建立完整的技术概念受到很大的限制。其次，传统的教学是以教材为中心，以知识学问为本位，以教师讲授为主要方式，注重的是知识的传承。最后，讲课方式单一，很少给儿童发挥创造性思维和想象的机会及余地，师生的问答也是侧重于趋同思维，教学内容分得过于详细，而且把重点放在讲解上。这些体现了传统体育教学模式的局限性，显然不利于儿童创新能力的提高。

由此可见，为了达到体育教学改革的目的，充分利用现代化教学方法已成为实现创新教育和课堂教学外延拓展的有效手段。通过网络教学平台，建立健全师生互动的环节，使教师充分了解儿童对知识点掌握的情况、对教学内容中的哪个部分更感兴趣，有利于教师因材施教、有的放矢。组织教师研究新的教学观念、教学规律与教学艺术、教学模式、课程设置，促进教师的教学水平和教学质量的普遍提高，有利于推进课程体系、课程设置、课外体育文化活动的开展，有利于多媒体教学和互联网教学在体育教学领域的应用等理论研究和实践探索。

三、现代化教学手段在体育教学中的优势

（一）网络教学平台的多样性

基于互联网的网络教学平台，与一般学校的校园网和宣传网站有很大的区别。首先，在功能上重点要实现教学内容的完整性、项目的多样性、技术的先进性及服务社会的开放性，多以辅导资料、教学课件、教学视频、技术分析、经典赛事和赛事直播等为主，海量的教学资讯可供儿童自主选择。其次，还要实现跨学校之间的联合与合作。众所周

知，体育本身就是包含了上百个运动项目的学校科，要想实现教学内容的前瞻性、权威性，就需要多个学校专家的联合参与和支持，可根据应用范围和地域特点有选择地确定教学内容。最后，要有一个专业的服务团队给予设计、制作、维护更新等技术支持。由此可见，要实现网络平台的建设，需要多方面人才的共同努力，不断更新完善。在使用过程中，儿童在网上选择自己喜爱的体育项目和教师。这种选择体育教学的模式适合儿童的生理、心理特征及文化层次特点，能够满足儿童参加体育锻炼的个性需要，能够促使每个儿童在校期间掌握一两项体育健身手段，以及易于坚持锻炼的运动项目，从而提升儿童的自主选择性，进而满足儿童的个性化需求。

（二）有利于提高教学质量

体育网络教学打破了传统的教学方式，在给儿童一定的选择范围的同时，也给了体育任课教师一定的发挥空间。在原有课堂教学的基础上，运用现代化的教学手段就可有效地拓展课堂教学的外延，利用互联网教学平台不仅可以完整演示各种技术配合，使儿童欣赏到精彩的经典赛事，同时还可以利用微信公众平台、QQ 群、微信群等形式，进行教师与儿童之间，以及儿童与儿童之间的交流互动、在线辅导，极大地满足了儿童在学习过程中对信息的各种需求，使教师能够及时地了解儿童对授课的满意程度，吸取儿童提出的合理化需求，把握今后体育教学中需要改进的不足。另外，学校体育教学形式的多样性和方法的现代化，对学校体育教师水平的与时俱进提出了较高的要求。因此，要不断地调整、完善体育教师队伍的知识结构、学历结构，提高教学组织能力，以适应不断变化的学校体育教学改革的需要。

（三）有利于培养儿童自主学习的能力

传统的体育教学过分强调以教师为主导，往往忽略了儿童的主体作用，互联网体育网络教学平台的特点是注重培养儿童自主学习的过程，教师可以通过多种交流方式对儿童实现在线辅导，这可以培养儿童自主学习的习惯，从而让儿童体验和了解科学探索的过程，提高儿童获取信息、分析信息、加工信息的实践能力和培养良好的创新意识与信息素养。基于互联网的网络教学平台，不仅具有校园网教学的功能和特点，而且不会受到校园网络的限制，在为儿童服务的同时也可以服务于社会，对全民素质的提高起到帮助的作用。网络教学平台是现代化教学手段在体育教学中应用的重要载体，这种体育教育模式是顺应现代教育的潮流趋势的，受到了广大儿童的喜爱。

四、构建儿童体育教学资源库的必要性

（一）课堂教学的需要

学校体育课堂教学资源广泛而多样，有游戏、音乐、舞蹈、民间体育活动等，现阶段没有现成的教材对这些资源进行重新归纳，这些资源就显得杂乱无章。课堂教学中要充分利用好这些资源，重新构建一个教学资源库，更好地为课堂教学服务。

（二）教育科研的需要

体育教学科研的开展需要以大量的实践材料为基础，以往都是将一些材料形成文字资料存放，时间长了资源的保管、统计、整理比较麻烦。构建体育教学资源库后，可将平时掌握的各种数据、材料分类输入计算机，存入该资源库，如需要某方面资料时就可及时从资源库中调取，高效实用。

（三）儿童求知的需要

"一切为了每位学生发展"的新课程理念指出："儿童可以根据自己的兴趣爱好和不同需要，选择个人喜欢的方法参与体育活动。"基于这个理念，可把儿童感兴趣的一些体育运动常识、健康知识、安全知识、野外生存技能等放入体育教学资源库中，儿童可利用网络自由地进行选择学习。既巩固了课堂学习的效果，又培养了终身体育习惯。

（四）教学改革的需求

在传统的教学中，儿童是在教师的指导下进行学习，知识主要是来源于书本和教师讲授，学习上处于比较被动的状态，不利于激发儿童的主观能动性。在遇到问题时，往往只是通过向教师、同学请教或查询书本获得解答，获得知识的途径和渠道比较有限。而计算机多媒体技术广泛应用于教学后，为教学提供了新的传播途径和手段，教学内容的组织也显得更加生动形象，与教学相关的资料随时可以重复阅览，这相对于传统教学来说是无法实现的。课后儿童可以利用网络中相关的教学资源进行复习，针对课堂中存在的疑问寻找解答，不仅能补充课堂教学中的欠缺，还能快捷准确地获得知识。

（五）自主学习的需求

互联网的全面覆盖和计算机技术的广泛运用，为网络自主学习提供了设备基础，网络教学资源的建设为网络自主学习提供了核心内容。优质的网络教学资源为儿童提供自主学习的平台，它打破了仅限于学校围墙内的传统学习模式，改变以往教师教什么儿童学什么的被动学习模式。而在网络教学资源建成后，儿童可以根据兴趣爱好自由选择网络课程进行学习，这种学习动机是来自儿童的内在需要，是儿童主动参与学习的过程。另外，建构主义认为，学习者的知识不是由传授获得，而是由自己建构获得的过程，学习者不是被动接受知识，而是主动建构知识。因此，加强对体育网络教学资源的建设管理，为儿童提供一个优质的学习情境，更能有效地帮助儿童获得知识。

第四节 信息化儿童体育教学的发展思考

一、体育信息化教学的发展方向

（一）体育信息化教学的生活化

体育教学是学校体育连接社会体育的桥梁。学校的体育教学质量将直接影响儿童体育习惯和能力。学校体育教育是为学校体育教育及进入社会体育提前打下坚实基础，因此学校体育教育有着至关重要的地位。建立现代化的网络信息体育教学能够促进我国学校教学质量的提升，实现我国体育教学信息化发展。

体育对改善人们生活方式、提高生活质量及形成良好健康的生活方式有着十分重要的作用，体育与人们日常的关系密不可分。体育的价值就是实现体育贴近生活、生活充满体育。只有这样体育才能更好地展示体育的魅力、实现体育的价值。因此，学校体育教育在国民教育体系中有着举足轻重的地位。体育教学不管是为了实现健康体育还是终身体育，其目的都是满足社会进步的需要、顺应时代发展的潮流。实现现代化体育教育也是时代发展的大势所趋。所以构建体育信息化技术能够更好地为儿童的体育活动服务，提高儿童学习体育知识的兴趣，加强对体育知识的了解，最终实现体育教育生活化和现代化。

（二）体育信息化教学的立体化

教育倡导"以人文本"，任何教育都是以儿童为根本，以实现儿童全面发展为宗旨。同样体育教学也不例外，这也是教育改革的主流方向。体育离不开生活，生活同样缺不了体育。体育教育的任务就是让儿童在学习中体验和享受运动的快乐，从而获得愉悦的体育情感体验，满足儿童身心发展的要求和需求，使体育真正成为儿童生活中不可或缺的重要部分。儿童通过信息网络能够更多地了解体育知识，在这样的环境下学习可以增强儿童学习体育的兴趣。在信息化技术的帮助下，体育教学能够更好地实现立体化教学，教师可以利用多媒体技术向儿童更好地展示体育的高难度动作，全方位展现体育技巧，实现我国体育教育向现代化迈进。除此之外，体育教学的立体化还可以向儿童展现不同的体育锻炼方法，增加儿童学习体育的兴趣，提升儿童对体育知识的了解，树立良好的体育锻炼态度。

（三）体育信息化教学的模拟化

体育教学过程存在一定的难度。教师只有对儿童的身体状况有充分了解才能够更好地实施体育教学。一般情况下，儿童缺乏专业的体育基础，运动能力相对较弱。因此教师在进行一些体育知识的讲解时难以真正吸引儿童的兴趣，最终会影响体育教学的质量，所以在进行体育教学时，教师应当充分利用体育教学的信息化技术。通过对体育教学的动作模拟可以提高儿童学习体育知识的兴趣，不仅使儿童能够在这样的动画模拟中直观地看到相应的体育动作，而且教师也能够减少体育教学的压力和工作量。在信息化技术中教师可以利用丰富的网络资源来实现体育教学。例如，在体育课堂中，教师可以安排儿童观看一些体育比赛视频等，向儿童讲解相关的体育知识，强化儿童的体育观念，帮助儿童树立锻炼的意识，最终实现体育信息网络化教学的目标。视频中实际运动技巧的讲解，会让儿童有身临其境的感受，在轻松、愉快的气氛中领略体育的魅力。

二、信息化技术对儿童体育教学的促进作用

（一）优化儿童体育教学的结构

信息化技术在体育教学中的应用从根本上改变了传统的教学方法，实现了我国体育教学的现代化。在传统的体育教学中主要是以教师的讲解为主，尤其是在理论知识的课堂上，由于教师自身的专业差异，导致许多的体育知识只能靠儿童的想象及教师的讲解来进行。长期在这样的教学环境学习容易使儿童失去学习体育知识的兴趣，最终会影响他们进行体育锻炼的积极性。而在信息化教学中，儿童可以通过动态的画面以及专业人员的演示来了解相关的体育知识，提高自身学习体育的兴趣。除此之外，教师通过采用现代化技术手段还可以减少教学压力和教学负担，优化体育教学结构。在信息化教学中教师还可以充分利用网络信息进行交流，减少不必要的体育教学环节。在网络中，教师还可以积极与儿童进行交流，了解儿童的学习状态，及时调整教学目标和教学内容，从而来适应体育教学发展的需要，激发儿童自主学习体育、进行体育锻炼的兴趣。

（二）改进体育教学的方法

儿童在学习体育有关内容时一般都会有一定的心理压力，尤其是对于身体素质较差的儿童来说更是如此。所以，教师在进行教学时要充分利用网络资源，提高儿童学习体育的积极性。第一，教师可以通过网络即时了解我国体育教学的动态，从而帮助教师发现自身教学中存在的问题并加以改善，提高教学的质量。第二，教师可以利用信息化技术了解儿童的状况，能够实现与儿童之间的快速交流与沟通，了解儿童的想法，从而尽量满足儿童的课堂需要，提高儿童主动学习体育的积极性。第三，教师还可以利用信息化技术在网络上查找一些科学的体育教学方法，解决自己在教学中遇到的问题，把体育教学数字化、智能化，提高学校体育教学质量。

（三）提升体育教学的质量

互联网技术的发展能够实现教学信息的实时交流，从而能够帮助学校体育教师更好地进行体育教学。在这样的信息环境下，教师不仅可以及时了解我国国内的教学方法，还能够了解国外的一些先进教学模式，从而为自身的教学提供借鉴和思考。教师在进行

体育教学时，应该抓住儿童对事物充满好奇心，乐于接受新鲜事物的心理，提升儿童学习体育知识的积极性。在这样的教学中，教师可以更好地了解儿童的学习状况，帮助教师及时调整教学策略，实现体育教学的特色化。同时，教师也可以照顾到每一位儿童的感受和兴趣爱好，找到适合他们自身条件的学习方法，最终提高体育教学的质量。

（四）提升儿童主动学习的兴趣

儿童在传统的体育教学模式中只能够被动地接受教师讲解的体育知识，书本上一些抽象的讲解最终会影响儿童学习体育的兴趣。除此之外，教师在体育课堂上一味地按照自己的意愿来进行体育教学，也会导致儿童学习体育的积极性下降。所以体育教学的信息化可以动态模拟体育技巧，帮助儿童更好地了解体育知识，最终提高儿童学习体育的兴趣爱好，提升儿童学习体育的积极性。

三、信息化背景下儿童体育教学的发展策略

（一）加强政策引导和扶持，激发儿童体育教育工作者探索信息化教学的热情

充分发挥政策的导向作用，大力支持和扶持信息化体育教学的开展。通过在教学评选、课题申报、教师个人发展、继续教育培训等方面制定相关规章制度和政策倾斜，形成制度保障，将信息化体育教学与绩效考核、奖励机制等相关联，激发体育教育工作者的信息化教学探索热情。

（二）加强自我学习，关注在职信息化教学

培训体育教师主动加强自我信息化教学的学习，主动提升自我信息化教学水平和信息化课程的开发能力。重视体育教师的继续教育，关注其在职信息化教学培训，可组织其参加省部级、市校级的信息化教学培训与比赛，组织自身内部力量开展组织内部的信息化技术培训。

（三）积极探索教学方式与方法的改革，培养儿童的自主学习能力和信息化素养

学习和思考传统教学与信息化教学异同，探索两者在教学方式和教学方法上的有效融合。引导和激发儿童利用信息化技术自主学习的能力，培养儿童养成利用信息化技术自主学习的信息化素养。

参 考 文 献

白淑新，2011. 巧妙运用信息技术提高幼儿园教学效果[J]. 中国现代教育装备，(20)：66，70.

鲍娟，2018. 数字化时代美国链接教育(ConnectED)项目规划与实施策略研究[D]. 重庆：西南大学.

毕烨，2010. 小议多媒体教学的应用[J]. 科技创新导报，(19)：149.

蔡海春，2014. 新课程理念下体育教学设计思考[J]. 湖北体育科技，33(7)：641-642，578.

曹桂彬，2015. 德阳市城区小学体育教学在《国家学生体质健康标准》引导下的教改研究[D]. 成都：成都体育学院.

曹虹，2019. 课堂实习式信息化教学在高职护理教学中的应用[J]. 卫生职业教育，37(1)：75-77.

曹秀玲，2006. 信息技术与体育课程整合的再认识："情境—探究"模式[J]. 哈尔滨体育学院学报，(1)：63-64.

陈虎，2015. 提高初中数学探究活动有效性的基本策略[J]. 亚太教育，(29)：160.

陈家起，2007. 体育教学的生命解读[D]. 南京：南京师范大学.

陈娟娟，2018. 1:1天然牙牙体雕刻教学设计及探讨[J]. 智慧健康，4(35)：25-26.

陈韬，2007. 游戏化探究式学习研究[D]. 上海：华东师范大学.

陈妍妍，2010. 普通高校体育网络教学平台的设计与实现[D]. 北京：北京邮电大学.

陈旸，高铁民，2010. 基于UML的高校体育信息管理系统的设计与实现[J]. 搏击（体育论坛），2(3)：9-11.

陈怡怡，2008. 多媒体课件对促进职高计算机技能训练的研究[D]. 长春：东北师范大学.

陈正权，2013. 关于体育信息化、体育管理模式创新的思考[J]. 电子测试，(18)：214-215.

成兵，2009. 体育教学设计与实践的系统观研究[J]. 内江科技，30(5)：195-196.

程洁，2012. 高校教育信息化体系评价[D]. 西安：西安建筑科技大学.

丛培良，2008. 教育信息化引领环翠教育创新发展：威海市环翠区教育信息化建设的实践与经验[J]. 中国教育技术装备，(5)：58-61,68.

丛培良，2010. 信息化引领教学方式变革,提高教与学绩效[J]. 中国教育信息化，(20)：64-66.

丛培良，2010. 依托信息化平台 提高教学绩效[J]. 山东教育，(Z4)：104-105.

丁有伟，2018. 云环境下协作学习方案研究[J]. 科教文汇(中旬刊)，(1)：5-9.

董静，2018. 农村初中物理探究实验的课堂翻转尝试[J]. 名师在线，(30)：30-31.

段婧，郑利辉，刘俊民，2017. 体育教学网络系统的设计与实现[J]. 自动化与仪器仪表，(2):189-191.

方程，李玲，2007. 应对体育课程改革拓展高校体育教师专业素质的研究[J]. 西安体育学院学报，(3):120-123.

高杰，2014. 分析教育信息化对旅游专业教学的影响[J]. 旅游纵览(下半月)，(7):332.

高蕾，桑锴，2010. 论职业教育中的教学设计研究[J]. 电脑知识与技术，6(33):9541-9543.

高为敏，2018. 特殊教育学校信息技术课程现状分析及策略初探[J]. 教师博览（科研版），8(10):63-64.

郭雪霞，2017. 大学英语分级分类教学模式的新探索：评《英语教学法教程:理论与实践》[J]. 大学教育科学，(6)：后插15.

韩永红，2008. "科技奥运"与体育信息环境建设研究[J]. 安徽科技学院学报，(4)：43-46.

郝枫林，侯国安，2011. 浅谈信息化教学模式[J]. 金山，(10):17.

郝红，2012. 高校排课决策支持系统设计[J]. 中国科技信息，(16)：177-178.

何冬林，周振华，李志宏，2006. 体育与健康课程"师生双主教学"的思考[J]. 湖南科技学院学报，27(5):200-202.

何克抗，2008. 对美国信息技术与课程整合理论的分析思考和新整合理论的建构[J]. 中国电化教育，(7)：1-10.

何克抗，付亦宁，2017. 开创有中国特色的教育技术理论与实践之路：何克抗教授专访[J]. 苏州大学学报（教育科学版），5(4)：98-105.

何志强，2011. 新媒体环境下的网络教学资源建设[J]. 中国电力教育，(16)：40-41.

何志颖，2017．微信支持下的教学设计与实践应用研究[D]．兰州：西北师范大学．

侯睿，2007．浅谈多媒体教学[J]．科教文汇（上旬刊），(25)：133，135．

胡亮，匡哲君，解男男，等，2012．计算机网络课程信息化教学平台建设[J]．长春工业大学学报（社会科学版），24(1)：142-146，156．

胡晓光，2005．信息化教学模式的构建研究[J]．现代情报，25(7)：213-215．

黄宝仪，2017．初中体育探究式教学法综述研究[J]．当代体育科技，(19)：108-109．

黄斌，2005．PBL与我国的教育现实[J]．现代教育科学（普教研究），(6)：7-9．

黄超，孙宝玉，2009．多媒体课件制作存在的问题及对策[J]．职教论坛，(S1)：54-57．

黄俊辉，2005．信息技术与中学数学教学整合研究[D]．南昌：江西师范大学．

黄晓丽，李可兴，2007．论建构主义学习理论在健美操教学训练中的应用[J]．体育学刊，(2)：86-88．

黄晓青，2015．儿童体育教学主张与策略[J]．中国教师，(19)：55-58．

冀磊，邱磊，王冰，等，2017．移动互联网背景下高效课堂构建策略研究[A]．北京中教智创信息技术研究院.新课改背景下课堂教学方法与手段的有效性研究科研成果集（第十一卷）[C]．北京中教智创信息技术研究院:北京中教智创信息技术研究院，13．

蒋翠，2019．大数据时代下的翻转课堂新解读[J]．教育教学论坛，(4)：235-236．

蒋向华，2015．慕课在大学体育课程教学实践中的应用探讨[J]．当代体育科技，5(33)：132-133．

蒋秀英，2002．中小学教学中的多媒体课件制作[J]．山东教育科研，(12)：18-19．

焦敬伟，2003．体育教学设计的基本过程与方法[J]．上海体育学院学报，27(6)：86-88．

金红珍，2016．信息化环境下体育教学有效性及提高策略[J]．河北体育学院学报，30(2)：43-48．

金林贵，2017．信息技术在小学体育教学中应用的价值与策略[J]．当代体育科技，7(14)：150-151．

靳琳，2006．在高等职业教育中加强信息技术与课程整合的探析[D]．天津：天津大学．

邝艺光，郭汉军，梁文涛，2019．构建可视化教学质量保障管理系统的思考：以珠海城市职业技术学院为例[J]．教育教学论坛，(4)：22-23．

雷万鹏，2019．理性看待教育信息化功能[N]．中国教育报，(6)．

冷志勇，孙增春，梁浩，2012．探讨高职体育教学在培养学生职业能力中的契合及其评价[J]．天津职业院校联合学报，14(7)：118-121．

黎术冰，2012．浅谈技工学校体育教学实施ISO9001质量管理的着力点[J]．职业，(14)：25-27．

李爱新，2012．多媒体促进发展学生空间观念[J]．中小学电教(下半月)，(10)：121．

李昊，毛晓荣，2009．论高校体育网络学习系统的运用[J]．科技信息，(17)：128-129．

李佳莉，2016."引导—体验式"教学模式在高校体育教学中的应用效果分析[J].赤峰学院学报(自然科学版),32(22):106-108．

李建军，2006．从传统教案走向现代体育教学设计：对新课程理念下的体育课堂教学设计的思考[J]．北京体育大学学报，29(1)：96-98．

李金凤，2012．信息化教学对工艺美术专业的影响与实践：以哈尔滨市商业学校信息化教学为例[J]．职业技术，(3)：61．

李谨，2002．纵论信息技术与课程整合：何克抗教授专访[J]．中小学信息技术教育，(9)：4-10．

李克东，赵建华，2004．混合学习的原理与应用模式[J]．电化教育研究，(7)：1-6．

李兰，2018．信息化教学设计实施策略简析：以全国职业院校信息化教学设计大赛为例[J]．长江丛刊，(33)：255，258．

李平斌，郭晶，罗飞虹，等，2008．大学体育网络教学平台的构建与应用[J]．体育成人教育学刊，(3)：79-80．

李晓红，2015．探究式学习在小学体育教学中的运用方略[J]．当代体育科技，5(19)：79-80．

李晓蕾，2018．改革开放40年课程标准研究回顾与展望[J]．课程·教材·教法，38(10)：36-43．

李晓宇，张丽，李小伟，2018．林业扶贫背景下森林资源对农民收入的影响分析[J]．山西农经，(23)：58．

李亚林，2005．现代信息技术与课程教学整合的研究[J]．职教论坛，(6)：57-59．

李艳，吴光华，邓红征，2007．以加快信息化建设推动江西经济可持续发展[J]．企业经济，(8)：101-103．

李远航，秦丹，2011．利用Web2.0技术实现网络课程资源再生研究[J]．中国电化教育，(4)：82-85．

李战辉，2014．浅谈探究式学习模式在体育教学中的运用[J]．学周刊：下旬，(7)：81．

栗涛，2016．网络环境下高校体育教学专业现状研究[J]．教育现代化，3(7)：209-211．

廉莲，2011．数字化学习共享空间的概念、模型与设计[J]．中国电化教育，(3)：112-115．

梁艳，2011．新课程体育教学设计探究[J]．新课程（上），(4)：168．

梁艳玲，2019．翻转课堂与高校图书馆之间的互动关系[J]．文教资料，(1)：77-78，48．

廖军，2008．试论高校体育教学中"健康第一"的指导思想[J]．成才之路，(10)：72-73．

廖苑玲，2018．小学数学课程学习兴趣的激发[J]．新智慧，(23)：97．

林子，2010．健商理论：高校体育教学新思路[D]．苏州：苏州大学．

凌雨初，2018．利用微课促进信息技术课堂教学的改革与创新研究[A]．《教师教育能力建研究》科研成果汇编（第九卷）[C]．中国管理科学研究院教育科学研究所，4．

刘海军，2015．高校体育教学"翻转课堂"模式构建研究[J]．吉林体育学院学报，31(3)：72-76．

刘菊，2006．信息技术与高中物理课程整合的教学模式研究[D]．长春：东北师范大学．

刘玲丽，2018．关于3T模式的模拟电子技术课程教学改革与实践探析[J]．读与写(教育教学刊)，15(12)：60．

刘攀，段渭军，2012．高校体育信息化教学平台的研究与设计[J]．中国教育信息化，(17)：44-46．

刘佩佩，2012．《美国3～5岁幼儿体育适宜性实践方案》简述及启示[J]．四川职业技术学院学报，22(1)：79-82．

刘守燕，2010．高校体育教学智能管理系统的设计与实现[J]．浙江万里学院学报，23(4)：76-79．

刘松涛，徐亚军，2014．互联网技术在体育教学中的应用[J]．科技视界，(5)：257-258．

刘晓，2012．信息化教学模式与传统教学模式的比较[J]．科技创新导报，(3)：161．

刘玉红，2010．基于Web2.0技术的知识管理探究[J]．信息与电脑（理论版），(10)：93．

芦兵，2018．数学教学生活化的实践与思考[J]．成才之路，(35)：83．

芦军志，2018．中山大学本科留学生课堂体育教学模式研究[J]．运动，(18)：81-82．

路楠，2019．现代教育技术在中学体育教学中的发展趋势研究[J]．体育世界（学术版），(1)：19-20．

罗中坚，2016．中江县石垭小学体育校本课程设计研究[D]．成都：成都体育学院．

骆欢，2018．基于UTAUT模型的微课程学习平台的应用研究[D]．武汉：湖北大学．

骆敏，2008．宁波大红鹰职业技术学院校园网分析、改造与实现[D]．上海：复旦大学．

骆玉峰，孙庆祝，韩冬，等，1998．体育评价决策支持系统SEDSS的研制与开发[J]．体育科学，(6)：25-28．

吕生华，2018．合作学习在体育教学中的运用[J]．甘肃教育，(6)：82．

马金花，2017．信息化背景下体育教学有效性及提高策略[J]．湖北函授大学学报，30(20)：142-144．

马丽娟，周清，2013．军校教员信息化教学行为的教育技术解析[J]．考试周刊，(3)：172-174．

马嵘，2013．浅析中等卫生职业学校体育网络教学平台的构建[J]．体育世界（下旬刊），(7)：122-123．

马腾，孔凌鹤，2017.现代体育教学改革与信息化发展研究[M]．北京：中国商业出版社．

马维念，2018．浅析如何做好企业基层档案管理工作[J]．兰台内外，(6)：29-30．

毛建盛，2010．网络普及时代的大学体育教学研究[J]．湖南医科大学学报（社会科学版），12(2)：250-251．

毛振明，2005，体育教学论[M]．北京：高等教育出版社．

孟晓光，2012．生命教育理念下的初中体育立体教育教学模式探索与研究[D]．长春：东北师范大学．

倪栋，2010．建筑教育信息化研究[D]．北京：中央美术学院．

倪瑾，2018．传统学徒制对教师素质培养的启示[J]．新智慧，(23)：96．

倪永萍，2018．推进小组合作学习构建语文阅读高效课堂探究[J]．成才之路，(35)：62．

潘利利，2014．整合多媒体课件优化体育教学[J]．电子测试，(9)：144-145．

庞志伟，郅光华，2007．合作式学习与学生个性发展探析[J]．体育世界（学术版），(6)：39-41．

彭建敏，杜超，2010．体育课程标准取代教学大纲思考[J]．体育文化导刊，(3)：81-83．

蒲继涛，2012．普通高校体育教学资源信息化建设的发展对策[J]．前沿，(21)：154-155．

邱勃，2015．信息技术与体育教育专业术科课程整合的探究[J]．山东体育科技，37(4)：101-103．

邱力夫，2014．体育课堂分组教学方法的研究[J]．当代体育科技，4(20)：43，45．

尚慧丽，2013．提高高校课堂教学质量的探析[J]．商业经济，(14)：125-126．

邵桂华，叶宝增，孙庆祝，等，1997．体育运动处方集成式专家系统的研究[A]．中国体育科学学会.第五届全国体育科学大会论文摘要汇编[C]．中国体育科学学会：中国体育科学学会：2．

邵伟，张蕤，2018．"互联网+教育"背景下多维教学模式研究[J]．安徽文学：下半月，(12)：232-233．

邵文莎，2018．教育信息孤岛问题的对策研究：基于学分银行的视角[J]．新疆广播电视大学学报，22(3)：43-45．

邵长富，翟兆峰，2008．浅析体育信息系统开发的组织管理[J]．科技信息（学术研究），(27)：612-613．

沈凤达，2012．小学体育教学质量提高的途径与策略研究[J]．学周刊，(1)：91-92．

石兴平，2018．基于信息化教学的英语翻转教学模式建构与实践[J]．山东农业工程学院学报，35(4)：116-117．

石中英，2004．教育哲学导论[M]．北京：北京师范大学出版社．

宋春玲，2012．"合作式"教学法在体育教学中的运用[J]．当代体育科技，2(22)：57，59．

苏文杰，2013．中职学校网络辅助教学系统的研究与设计[D]．广州：华南理工大学．

苏正南，2003．新课程理念下的体育教学设计[J]．体育与科学，24(6)：67-69．

隋夕双，2004．信息技术与课程整合的理论与实践研究[D]．济南：山东师范大学．

孙宝华，2004．关于合作学习的若干思考[J]．校长阅刊，(10)：36-37．

孙海霞，2018．网络工程专业翻转课堂教学模式与教学平台的研究[J]．集宁师范学院学报，40(6)：85-89．

孙卫肖，2017．我国竞技体操后备人才的培养研究：基于里约奥运会体操失利的思考[J]．当代体育科技，7(14)：149，151．

索桂芳，2001．论课堂教学设计[J]．河北师范大学学报（教育科学版），(2)：115-120．

谭勇，蔡旭晖，2006．探析信息技术对体育教学改革的支持作用[J]．体育科技文献通报，14(8)：70．

汤丰林，申继亮，2005．基于问题的学习与我国的教育现实[J]．比较教育研究，26(1)：73-77．

汤攀，2015．高校公共体育课混合式学习的模式探究[J]．赤峰学院学报（自然科学版），31(6)：121-123．

唐大鹏，2017．高校体育俱乐部教学中的建构主义体育教学模式[J]．当代体育科技，7(10)：103-104．

唐国强，刘淑芹，郭又铭，2019．《高等数学》课程实施混合式教学模式的研究[J]．高教学刊，(3)：89-91．

唐丽华，刘军华，陈献辉，等，2014.世界大学城空间在信息化教学设计中应用研究[J]．湖南工业职业技术学院学报，14(6)：69-71，82．

体育与健康课程标准研制组，2004．普通小学体育与健康课程标准（实验）解读[M]．武汉：湖北教育出版社．

童秉枢，2010．工程图学课程的数字化教学[J]．中国大学教学，(7)：46-47，50．

万茹，莫磊，2008．体育教学中的"探究式学习"教学法[J]．体育学刊，(8)：64-67．

汪霞，2003．教学设计的基本过程和方法[J]．教育评论，(2)：40-42．

汪霞，2004．对教学设计问题的几点思考[J]．教育探索，(12)：29-31．

王滨，2013．山东移动面向教育行业用户的信息化产品营销策略研究[D]．天津：河北工业大学．

王大鹏，张兴海．2007．网络教育技术在高校体育教学中的应用研究[J]．河北大学学报（哲学社会科学版），(4)：126-129．

王国亮，詹建国，2016．翻转课堂引入体育教学的价值及实施策略研究[J]．北京体育大学学报，39(2)：104-110．

王红丽，王素芳，2018．国际化人才培养目标下的英语课程教学模式研究与实践：以英语写作为例[J]．河南财政税务高等专科学校学报，32(6)：56-59．

王君亚，2012．浅析教育信息化对体育教学设计有效性提高的作用[J]．运动，(4)：127-128．

王坤，季浏，2009．对儿童体育发展适宜性问题的思考[J]．体育学刊，16(12)：56-58．

王林，2003．高校体育课程探究式教学刍议[J]．体育与科学，(2)：77-78．

王祺，董捷，袁红，等，2012．体育课程信息化建设及实验初探[J]．哈尔滨体育学院学报，30(5)：90-92．

王倩，2014．我国儿童体育培训研究综述：基于 CNKI 文本分析[J]．青少年体育，(11)：8-10．

王如镇，文烨，2015．信息化时代下 MOOC 模式对高校体育课程的启示[J]．四川体育科学，34(5)：126-129．

王淑敏，2016．信息技术与高中美术教学整合的思考[J]．学周刊：下旬，(36)：83-84．

王小猛，毛勇，2010．新课程理念下的体育课堂教学设计[C]．西部体育研究，(1)：4．

王晓，2010．浅谈新课标下的体育教学设计的基本过程与方法[J]．华章，(19)：123，133．

王学吉，2012．浅析信息技术与中职计算机专业课程整合对教学的作用[J]．福建电脑，28(7)：189-190．

王义海，2016．信息化教学在中学体育课中实施效果的研究分析[J]．亚太教育，(22)：66．

王永鹏，2009．现代信息技术对体育院系学生技能学习的影响[J]．考试周刊，(1)：156-158．

王曰牟，2010．突破信息技术与学科课程整合"高原现象"的几点思考[J]．当代教育科学，(2)：11-12．

王忠瑞，2015．体育信息化的发展前景及应用探讨[J]．运动，(22)：134-135．

魏华，2010．健美操技术课网络化教学平台构建[J]．北京体育大学学报，33(1)：91-94．

魏建和，徐明友，周震宇，2012．安徽省高校体育档案管理现状调查与对策分析[J]．通化师范学院学报，33(2)：77-79．

温晓红，2013．技工学校篮球一体化教学理论初探[J]．体育世界（下旬刊），(7)：124-125．

温禹，张高华，2008．信息技术与体育课程的整合策略[J]．中国成人教育，(8)：154-155．

吴狄，2014．基于信息化教学环境下的体育多媒体教学探析[J]．当代体育科技，4(14)：58-59．

吴晴晴，2008．普通高校体育教学现代教育技术运用能力的构建[J]．景德镇高专学报，23(4)：80-82．

吴晓林，2008．探究式学习初探[J]．重庆工贸职业技术学院学报，(1)：25-28．

吴有君，2018．小学体育信息化教学探析[J]．小学教学研究，(23)：37-38．

谢戈平，2007．区域教育信息化建设研究及实证[D]．天津：天津大学．

谢婷，2001．试论建立完善的信息化体育系统[J]．科技进步与对策，(6)：177-178．

谢育晟，2008．微软 ERP 系统 Microsoft NAV 在电子制造业的实施与应用[D]．厦门：厦门大学．

解慧梅，张君胜，朱道仙，2019．基于网络环境下"兽医综合技能实训"教学研究[J]．黑龙江畜牧兽医，(2)：168-170．

徐礼云，2015．小组合作式教学模式在体育隐性课程中的运用研究[J]．赤峰学院学报（自然科学版），(1)：195-196．

徐明友，魏建和，周震宇，等，2010．高校体育档案管理平台的构建[J]．安徽商贸职业技术学院学报（社会科学版），9(2)：68-70，80．

徐武，2007．基于"数字奥运"理念的体育信息环境建设研究[J]．首都体育学院学报，(6)：29-31．

徐燕，2012．发挥信息技术 优化幼儿园社会教学[J]．佳木斯教育学院学报，(9)：253．

薛红强，王勇，汪军锋，2009．基于网络的普通高校体育理论课教学模式探索[J]．杨凌职业技术学院学报，8(3)：63-65，68．

杨飞，2011．艺术教育发展的基石：浅谈音乐课堂的教学[J]．艺术教育，(3)：61-62．

杨刚，2018．体育游戏课混合式教学研究[J]．山东理工大学学报（社会科学版），34(1)：102-106．

杨桦，池建，2008．全国博士生学术论坛（体育学）论文集[M]．北京：北京体育学校出版社．

杨家瑜，崔强，2015．谈现代信息技术在小学体育教学中的应用[J]．当代体育科技，5(33)：176，178．

杨立，2007．多媒体教学中的课件设计与制作[J]．文教资料，(3)：208-209．

杨鳗，2013．基于自主学习的交互式教学模型建构[D]．重庆：西南大学．

杨宁，2015．浅议体育档案信息化管理[J]．黑龙江档案，(2)：59．

杨晓宏，梁丽，2005．全面解读教育信息化[J]．电化教育研究，(1)：27-33．

姚蕾，2000．体育隐蔽课程论：体育隐蔽课程体系的理论构建[D]．北京：北京体育大学．

姚蕾，2001．体育隐蔽课程价值的研究[J]．北京体育大学学报，24(2)：228-230．

姚蕾，2009．认识体育隐蔽课程[J]．南京体育学院学报（社会科学版），23(4)：1-11．

叶霖，2018．浅析人工智能生成的表达形式之属性[J]．法制与经济，(12)：24-25，36．

叶小艳，2012．乡镇中心幼儿园民间游戏"竹趣"方案开发的行动研究[D]．金华：浙江师范大学．

叶艳，2013．湖州市教育信息化发展水平评价及策略研究[D]．金华：浙江师范大学．

尹博，2006．我国体育管理信息化的研究[J]．北京体育大学学报，(5)：611-613．

游庆括，2019．"学生微课"在高职院校思想政治理论课教学中的运用[J]．清远职业技术学院学报，12(1)：73-76．

余静，周源，2016．信息化教学资源建设评价标准及应用实施[J]．中国职业技术教育，(26)：73-75．

岳慧灵，2011．信息技术与体育课程的整合[J]．南京体育学院学报（自然科学版），10(3)：102-103．

曾鸣，2012．中职体育与健康课程单元教学设计[J]．边疆经济与文化，(6)：142-143．

曾勇，2008．当代体育教学的生命意义解析[J]．教学与管理，(33)：117-118．

张辉，石小卉，2010．少数民族传统体育信息网络化对少数民族传统体育保护和传承的价值[J]．科技信息，(26)：12．

张家军，2009．"共生"及其教育意蕴[J]．新课程（综合版），(6)：4-5．

张韬磊，2015．基于云计算探讨高校体育新模式：体育教育云[D]．南京：东南大学．

张向阳，2013．信息化背景下中学体育教学现代化的思考[J]．当代体育科技，3(28)：130-131．

张晓倩，2018．翻转课堂在高中物理教学中的实践研究[D]．开封：河南大学．

张艳春，2008．教师管理：优化区域教育生态的决定因素[J]．中小学管理，(3)：10-11．

张一春，2012.Web2.0时代信息化教学资源建设的路径与发展理念[J]．现代远程教育研究，(1)：41-46．

张瑛，黄成，2013．数字化学习方式对低龄学生创造性思维的影响[J]．现代教育科学（普教研究），(5)：28-30+10．

赵峰，2017．体育信息化与体育管理体制变革的良性互动[J]．南京体育学院学报（自然科学版），16(3)：114-119．

赵培禹，纪烈维，王德财，等，2010．数字化信息平台下"一体化"阳光体育课程的实践研究[J]．现代教育技术，20(6)：153-156．

赵晓翠，卢庆华，2015．现代化教学手段在高校体育教学中的应用[J]．林区教学，(3)：110-111．

郑红梅，陈顺华，杨沁，等，2018．材料成形技术基础课程翻转课堂的研究与实践[J]．合肥工业大学学报（社会科学版），32(6)：130-133．

中国新闻出版研究院，2018．2017—2018中国数字出版产业年度报告[J]．中国传媒科技，(11)：6．

钟欣，2018．信息化技术与高职体育课程教学整合的研究与建设[J]．智库时代，(23)：230，232．

钟志贤，2005．信息化教模式学[M]．北京：北京师范大学出版社．

周波，2004．基于新课程标准的信息技术与小学语文课程整合的实践研究[D]．南昌：江西师范大学．

周丽婷，2007．浅谈电子政务建设与政府管理体制创新[J]．山东行政学院山东省经济管理干部学院学报，(3)：27-29．

周天鸣，2016．新世界进修学院财务管理系统的设计与实现[D]．大连：大连理工大学．

周震宇，魏建和，徐明友，2011．高校体育档案的信息化建设对体育工作的影响[J].通化师范学院学报,32(2):72-74.

朱昆，刘英，2011．浅析"互联网+"时代如何构建体育信息化系统[J]．体育科技文献通报，25(7)：25-26．

朱昆，刘英，2017．"互联网+体育场馆"发展路径研究：以江门市为例[J]．当代体育科技，7(7)：164．

朱清婷，2018．妙用生活事例灵活解决数学问题刍论[J]．成才之路，(35)：81．

朱伟强，2007．基于标准的体育课程设计研究[D]．上海：华东师范大学．

诸永清，2011. 体育理论课网上考试系统设计与实现[D]. 成都：电子科技大学.

左宁宁，2007. 健美操教育理论体系创新的研究：健美操文化建设的探索[D]. 大连：辽宁师范大学.

左晓梅，2014. 中小学教育信息化效益研究：基于 5 个省会城区的调查[J]. 中国远程教育，(9)：33-38，96.

KATZ B L G, 1995. Talks with teachers of young children: Colletion[M]. Norwood, N J: blex.

KNIRK F G，1979. Designing productive learning environments[M].New Jersey:Educational Technology Publications, Inc.

MESTENHAUSER J A, ELLINGBOE B J, 1998. Reforming the higher education curriculum: internationalizing the campus[M]. Phoenix, Ariz: Oryx Press.